Julius Lessing

Muster altdeutscher Leinenstickerei - IV

Julius Lessing

Muster altdeutscher Leinenstickerei - IV

ISBN/EAN: 9783743431072

Hergestellt in Europa, USA, Kanada, Australien, Japan

Cover: Foto ©ninafisch / pixelio.de

Manufactured and distributed by brebook publishing software (www.brebook.com)

Julius Lessing

Muster altdeutscher Leinenstickerei - IV

Ankündigung.

Musterbücher für weibliche Handarbeit.
Herausgegeben von der Redaction der Modenwelt.

Muster altdeutscher Leinenstickerei.
Großes Quart-Format.

Erste Sammlung. 9. Auflage.
Gesammelt von Julius Lessing.
25 Tafeln mit 239 Mustern und 16 Seiten Text.

Zweite Sammlung. 7. Auflage.
Gesammelt von Julius Lessing.
26 Tafeln mit 208 Mustern und 7 Anwendungen derselben, sowie 12 Seiten Text.

Dritte Sammlung. 4. Auflage.
Alphabete c. und Anleitung zur Herstellung doppelseitiger Stickstiche.
Gesammelt von der Redaction der Modenwelt.
25 Tafeln mit 27 Alphabeten c. (143 Mustern) und 26 Anwendungen der Muster, sowie 32 Seiten Text mit 74 erläuternden Abbildungen.

Vierte Sammlung. 2. Auflage.
Gesammelt von der Redaction der Modenwelt.
50 Tafeln mit 195 Mustern, sowie 20 Seiten Text mit 109 Abbildungen.

Preis in Mappe je 5 Mark.
Pracht-Ausgabe auf starkem Kupferdruck-Papier in Mappe je 6 Mark.

Von den vielen anerkennenden Besprechungen lassen wir hier einige folgen.

Die „Modenwelt" hat einen enormen Einfluß gewonnen in unserer modernen Gesellschaft, einen Einfluß, der fast in jeder einzelnen Familie zu spüren ist. Oder wo wäre heutzutage noch das Haus zu finden, in dem man nicht Spuren der altdeutschen Leinenstickereien anträfe. Die kleine Revolution, welche die citirte Redaction mit so außerordentlichem Erfolg angestellt hat, fällt in glücklicher Art mit einem hervorstechenden Zuge unserer Zeit zusammen, mit der ganz besonderen Vorliebe nämlich für die deutsche Renaissance. Die Gewerbe-Ausstellung hat uns gezeigt, wie sehr dieser Stil gerade jetzt an der Tagesordnung ist und nicht nur für die große Architektur, sondern viel mehr noch und vornehmlich für die architektonischen Kleinkünfte, soweit sie bei der Wohnungs-Einrichtung in Frage kommen, und bei den Geräthen zum alltäglichen Gebrauch, mögen diese nun schmiedeeisernen oder keramischen Charakters sein. Einer so disponirten Zeit mußte natürlich auch die von der Redaction der „Modenwelt" ausgegangene Agitation zu Gunsten der lange vernachlässigt gewesenen altdeutschen Leinenstickerei sehr gelegen kommen. Wie sehr sie gelegen kam, das beweist der phänomenale Erfolg der beiden ersten Mustersammlungen der „altdeutschen Leinenstickerei". Diesen nun schließt sich würdig die dritte an. Waren bisher nur Muster an Borten und Einzelfiguren geboten worden, so bringt die letzte Sammlung jetzt Alphabete, die sich stilgerecht an die bisher publicirten Ornamente anfügen. Es ist nichts Kleines um stilgerechte Buchstaben, und man glaube ja nicht, daß diese sich so leicht erfinden und aus dem Aermel schütteln lassen. Die Redaction der „Modenwelt" hat auch hier nichts componirt und nichts willkürlich erfunden. Sie bietet durchweg Authentisches, d. h. ausschließlich Buchstaben, die aus alten Musterbüchern copirt wurden. Die correcte Reproduction der Muster und Buchstaben durch den Holzschnitt oder die Zinkätzung ist außerordentlich schwierig oder zeitraubend. Da hat die Redaction für ihre Zwecke besondere Typen erdacht, mit deren Hülfe nun die complicirtesten Muster auf die einfachste Art gesetzt werden. Weiters kam sie auf die Idee, eine Methode doppelseitiger Stickstiche anzustellen, und die Vorder- und Rückseite der Stickerei gleichwerthig zu gestalten. Diese Methode wird auf 32 Seiten Text mit 74 Abbildungen so klar und anschaulich erläutert, daß Jedermann die Sache begreiflich werden muß. Was schließlich die Muster und Buchstaben betrifft, so schöpfen die Gelehrtinnen der „Modenwelt" aus schier unversieglichen Quellen. Sie haben ihre eigene, reiche Sammlung, die es mit so manchem Museum aufnehmen zu können scheint.
Wiener Sonn- und Montags-Zeitung.

Das Werk, das wir hiermit unseren Leserinnen empfehlen wollen, wird vielen fleißigen Händen eine willkommene Gabe sein. Die Kunst, die in so vielen Gebieten der Industrie neuschaffend und veredelnd bis in unsere prosaische Häuslichkeit gedrungen ist, will uns damit nicht ein neues Product bieten; die zierliche Mappe, welche die sorgfältig gezeichneten Blätter einschließt, bringt uns vielmehr einen Gruß aus alter Zeit und Kunde von der Art und Weise, wie unsere mütterlichen Vorfahren die Zierde und den Stolz ihres Hauses, — das Leinen, — sinnig schmückten.

Im XIV. Jahrhundert war es schon Sitte, die zu Zwecken des Haushaltes dienende Leinwand mit farbiger Stickerei zu versehen. Man hatte das Bedürfniß erkannt, den monotonen weißen Flächen des Gewebes bei Tisch-, Bett- und Leibwäsche durch farbige Decoration eine dem Auge wohlthuende Abwechslung zu geben, aber im Laufe des XVIII. Jahrhunderts war dieser schöne Gebrauch verschwunden und statt dessen die weiße Stickerei zur Mode geworden. Doch hat sich in einzelnen Gegenden, besonders bei den slavischen Nationen, die farbige Decoration, — gewebt oder gestickt, — ununterbrochen erhalten.

Der Waschbarkeit wegen können die Muster nur in einer, höchstens zwei bis drei Farben zur vollen Wirkung kommen, da nur schwarzes, blaues und rothes, allenfalls noch gelbes Garn in echter Farbe zu finden ist, jedoch wird Gelb unansehnlich, und das schwarze Garn sogar erweist sich oft als unhaltbar; aus den alten, sonst gut erhaltenen Stickereien ist es völlig herausgefallen, so daß auf die Länge Blau und Roth, die sich auch auf dem weißen Leinen am schönsten hervorheben, ziemlich allein das Feld behalten.

Die Redaction der „Modenwelt", - dieses sehr empfehlenswerthen Frauen-Weltblattes, das gegenwärtig in einer Auflage von 352,000 Exemplaren in deutscher und von 150,000 Exemplaren in fremden Sprachen erscheint, — die sich seit Jahren und mit großem Erfolg diesem Gegenstand eingehend gewidmet, hat sich nicht allein durch den Reichthum und die Mannigfaltigkeit ihrer Muster den Dank der Damenwelt erworben, sondern auch durch die Klarheit und Ausführlichkeit, mit welcher die Stiche in ihren verschiedenen Combinationen ausgeführt sind, was zur Erklärung und Anwendung ganz außerordentlich günstig ist.

Daheim.

Das Gebiet der weiblichen Handarbeit hat in neuerer Zeit tiefgreifende Reformen erfahren; unter Anderem ist es um eine alte schöne Kunst bereichert worden, die seit Jahrhunderten in Vergessenheit gerathen war: die der farbigen Decoration des weißen Leinenzeuges. Das Verdienst, das Interesse für die farbige Leinenstickerei, wie sie vor einem halben Jahrtausend schon üblich war, wieder geweckt zu haben, gebührt zunächst dem k. k. Oesterreichischen Museum in Wien, welches alte, schöne Originalmuster dieser Arbeit, so das Sibmacher'sche Stickmusterbuch, neu herausgab. Diesen Bestrebungen, die Kunstarbeit der Frauenhand zu heben, schlossen sich nun auch die kunstgewerblichen Kreise Berlins an, in erster Linie Prof. Dr. Julius Lessing, der Director der Sammlung des dortigen Kunstgewerbe-Museums, welcher die reichen Schätze desselben der Redaction der in Frauenkreisen so weit verbreiteten und geschätzten „Modenwelt" zur Verfügung stellte. Durch Vermittelung der letzteren, welche das vorhandene Material ordnete, gelangten die stilvollen, alten Muster, als Extrablätter der „Modenwelt" beigelegt, in die Hände der Damen. Durch die Theilnahme, die man dem Unternehmen allgemein entgegenbrachte, war der Erfolg desselben ein so bedeutender, daß die Redaction sich entschloß, diese Extrablätter, in Mappen vereinigt und mit einer sachgemäßen historischen Einleitung aus der Feder des Prof. Lessing versehen, herauszugeben.

Illustrirte Zeitung.

... Man beginnt in den Kreisen der Kunstgewerbetreibenden immer mehr einzusehen, daß die Befreiung von den verflachten und conventionellen Formen, wie sie die Mode flüchtig erzeugt und schnell beseitigt, nicht nur dem Product, sondern auch dem Absatz zu Gute kommt. Im Publicum wächst in erfreulicher Weise das Interesse an ästhetisch berechtigten Formen, an echten schmucken Hausrath. So ist auch zu hoffen, daß die Käufer und Besteller allgemach auf die Erzeuger einen unmittelbaren Einfluß gewinnen, die einfach alles Geschmacklose ablehnen.

Von jeher hervorragender Bedeutung sind verwandte Bestrebungen auf dem Gebiete der Frauenarbeit. Auch hier hat die Wissenschaft der Praxis den ersten Anstoß gegeben. Zu denjenigen, deren Verdienst hier warme Anerkennung gebührt, gehört der Verlag der „Modenwelt". Die „Musterbücher für weibliche Handarbeit" beweisen ein Streben, welches bis heute noch kein einziges Modenblatt in so gediegener, man darf sagen, wissenschaftlicher Weise bekundet hat. In allen erfundenen Vorlagen zeigt sich ein feiner, gebildeter Geschmack, eine berechtigte Freischaffung nach alten Motiven, in allen Copien eine vortreffliche Wahl der Originale. Durch derartige Muster wird wieder die Freude an der Handarbeit belebt.

Deutsche Rundschau.

... „Sie (die Stickereien) sind es neben den alten Musterbüchern, welche Frau Frieda Lipperheide den Stoff für ihre klassische, ewig mustergültige Publication „Muster altdeutscher Leinenstickerei" gegeben haben".

Professor Bergau in „Alte Kunst in Thüringen".

... „Die vorzüglichen Buchstaben und ihre Anordnung, unterstützt durch die erwähnte Anleitung, sie zu sticken, die so auf beiden Seiten gleich erscheinen, sind ein schätzbarer Beitrag zu den erschienenen Stickbüchern und beweisen, daß die Redaction der „Modenwelt" das praktische Bedürfniß herauszufühlen und ihm abzuhelfen weiß."

Dr. Otto von Schorn
in „Kunst und Gewerbe". — Nürnberg.

... „Als großer Fortschritt ist es endlich zu begrüßen, daß den Vorlagen eine erwähnte Anleitung beigegeben ist, welche den doppelseitigen Kreuzstich lehrt. Erst dadurch gewinnt die ganze Technik jene Erweiterung, welche ihr mit der Ausdehnung auch künstlerische Entfaltung und damit dauernden Bestand gewährt. Denn nur mit jener Behandlungsweise, die eine gleichwerthige Umseite zu bieten vermag, steht der Kreuzstich auf der Höhe. Wir sind gewiß, daß auch damit das Werk einen guten Schritt voran gethan hat."

Dompräbendat Friedr. Schneider
in der „Darmstädter Zeitung".

„Innerhalb der stetig an Ausdehnung und Vielseitigkeit zunehmenden kunstgewerblichen Literatur haben sich wenige Erscheinungen eines so großen und unmittelbaren Einflusses zu rühmen, wie die von der Redaction der Berliner „Modenwelt" veranstalteten Sammlungen von Mustern für Leinenstickerei.

... Die erwähnten Publicationen haben verstanden es, die Beispiele den gegenwärtigen Bedürfnissen und Gewohnheiten anzupassen, sie sozusagen mundgerecht aufzutragen. Die Zahl der Muster ist so groß und die Möglichkeit, sie durch kleine Variationen in der Zeichnung oder durch Farben-Combinationen zu vervielfältigen, so bequem gemacht, daß die Sammlungen als eine scheier unerschöpfliche Quelle bezeichnet werden können.

... Dagegen faßte die Herausgeberin, — Frau Frieda Lipperheide, — und zwar ebenfalls mit vollem Rechte, den Unband in's Auge, daß die Namens-Initialen, Sprüche ic. an Gegenständen des Gebrauchs so möglich auf beiden Seiten des Gewebes erscheinen, mithin nicht in gewöhnlichen Kreuzstich ausgeführt werden sollen. Sie giebt deshalb jest instructive Anleitungen zu Sticharten, welche auch verschieden, auf jeder Seite erscheinen lassen: doppelseitiger Kreuzstich, Kreuz-Kästchenstich (eine Seite Kreuz, die andere Quadrat), doppelseitiger Flachstich (sogenannter Holbeinstich), ferner doppelseitig: Umfassungsstich, Zierstich, Kästchenstich, endlich einseitig und doppelseitig: Sternstich (Smyrna- und Rosettenstich)."

Regierungsrath Jos. Storck
in den „Blättern für Kunstgewerbe". — Wien.

Wenn irgend eine Verlagsbuchhandlung ein Anrecht erworben hat, unter denjenigen genannt zu werden, welche unsere neue kunstgewerbliche Richtung unterstützen, so ist es ganz sicher Franz Lipperheide in Berlin. Die weiblichen Handarbeiten sind seit Jahrhunderten nicht so sehr gefördert worden, wie in den letzten zehn Jahren durch die Lipperheide'sche Verlagsanstalt.

Die vorliegende vierte Sammlung ist ein Beweis, daß die genannte Anstalt rüstig vorwärts strebt, immer noch neue Quellen dem Kunstgewerbe zu erschließen weiß. Es ist ein stattlicher Band, von vollendeter Schönheit in Druck und Ausstattung, — wie Alles, was aus dem genannten Verlage, — der vor uns liegt. Der Inhalt ist außerordentlich reich. Nach unserem Dafürhalten sollte namentlich diese Sammlung in keiner anständigen Familie fehlen.

Bayerische Gewerbe-Zeitung.

Muster altitalienischer Leinenstickerei.

Großes Quart-Format.

Erste Sammlung. 2. Auflage.

Bordüren ꝛc. und Anleitung zur Herstellung
verschiedenartiger Stickstiche.

Gesammelt und herausgegeben von

Frieda Lipperheide.

30 Tafeln mit 56 Mustern, sowie 32 Seiten Text mit 81 erläuternden Abbildungen.

Zweite Sammlung.

Bordüren ꝛc. und Anleitung zur Herstellung
verschiedenartiger Stickstiche.

Gesammelt und herausgegeben von

Frieda Lipperheide.

30 Tafeln mit 85 Mustern, sowie 36 Seiten Text mit 78 erläuternden Abbildungen.

Preis in Mappe je 6 Mark.

.... „Auf 30 Tafeln bietet diese Sammlung in der gleichen hübschen Ausstattung wie die früher erschienenen Musterbücher 56 verschiedene Muster für Bordüren, Decken, Kanten und Abschlußbäumchen. Die Originale befinden sich theils in der eigenen, reichen Sammlung der kunstsinnigen Herausgeberin, theils in den Museen von Berlin, Dresden, Wien und Hamburg. . . . Daß nicht alle mit rother Seide auf Leinen gestickten alten Stücke italienischer Mache sind, hebt Frau Lipperheide mit Recht hervor; in den österreichischen Küstenländern, auf den griechischen Inseln, überall an den Mittelmeerküsten, wohin der Handel der Italiener im 16ten Jahrhundert den Geschmack der Renaissance und italienische Musterbücher brachte, selbst in Marocco wurden ähnliche Stickereien ausgeführt und, wenngleich erst in den folgenden Jahrhunderten, nicht minder in den deutschen Klöstern in Baiern, Schwaben, am Rhein, in den Niederlanden. Den Antheil jeder einzelnen Gegend an dem auf uns gekommenen Erbe aller Stickereien zu bestimmen, reichen unsere Kenntnisse noch nicht aus. Einen wichtigen Beitrag zur Vermehrung der letzteren liefert Frau Lipperheide, indem sie den Abbildungen ausgeführter Stickereien einzelne diesen verwandte Muster aus dem venetianischen Musterbuch des Pagan vom Jahre 1546 beifügt. Auch erfahren wir von ihr, daß die auf Tafel 21—22 dargestellte schöne Bordüre, welche unser Museum in italienischem Durchbruchstich mit weiß ausgespartem Muster besitzt, als Zeichnung schon in dem 1557 zu Venedig erschienenen Musterbuch des Nicolo d'Aristotele detto Zoppino enthalten ist. Daß derartige alte Stickmusterbücher zu den größten Kostbarkeiten des Buchhandels gehören, ist bekannt. Durch Lichtdruck beschaffte Neuausgaben mancher derselben sind in jüngster Zeit mehrfach auf den Markt gebracht worden; ihre meistens unvollkommene Darstellungsweise aber bietet der Stickerin Schwierigkeiten, welche nur mit besonderer Sachkunde überwunden werden können, während die Musterbücher der Modenwelt mit den bekannten klaren Typen eigener Erfindung gedruckt sind, welche die reliefartige Wirkung der Stiche zweilweise ebenso schön zum Ausdruck bringen, wie sie das Abzählen der Stiche leicht machen.

Die praktische Brauchbarkeit des vorliegenden Musterbuches wird überdies wesentlich erhöht durch den klar geschriebenen, mit vielen lehrreichen Holzschnitten ausgestatteten Text, welchen Frau Lipperheide den 56 Mustern beigegeben hat. Die Gruppirung der Muster nach ihren Hauptmotiven, die Trennungen und Zusammenstellungen für breite und schmale Bordüren, die Eckbildungen, Mittelstücke und Randabschlüsse werden unter stetem Hinweis auf die Abbildungen besprochen, dann das Material, das Sticken und endlich eine sehr anschauliche Beschreibung des Flechtenstiches (griechischen Kreuzstiches), des durchbrochenen italienischen Doppelstiches (Durchbruchstiches), des griechischen Doppelstiches und des niederländischen Doppelstiches, sowie verschiedener Stiche für Abschlußbäumchen gegeben. Eine kleine Auswahl unter den vielen Dingen, welche mit Leinenstickerei verziert werden können, macht den Beschluß.

Wie die Verfasserin ihre Leserinnen ermuntert, die schöne, gediegene Arbeit zu pflegen und immer neue Anwendungen zu suchen auf Gegenstände, welche der Ausschmückung des Hauses oder der Toilette gewidmet sind, so wollen auch wir unsere Empfehlung dieser gediegenen Weihnachtsgabe mit dem Wunsche schließen, daß die Hamburgischen Frauen deren Ermunterung mit demselben Eifer und demselben feinen Sinne für das Rechte und Schöne folgen mögen, mit denen sie in diese neue Richtung eingetreten sind, dann wird unser Hamburg eine ansehnliche Stellung unter den gleich strebenden deutschen Städten auch auf diesem für die Schönheit unseres äußeren Lebens so überaus wichtigen Gebiete fröhlich behaupten."

Justus Brinckmann, Director des Hamb. Gewerbe-Museums, im „Hamburgischen Correspondent".

..... „Die Herausgeberin geht ungemein praktisch zu Werke. Sie beschränkt sich nicht darauf, die Stickereien mit einer Anzahl von Musterblättern vorzüglichster Art auszustatten, sie ertheilt auch Anweisung und Lehre, sie erklärt und unterrichtet, so daß die Damen dadurch völlig selbständig gemacht werden. Die Kunst unserer Vorfahren, so leitet sie ihre Arbeit ein, mit Seide und farbigen Garnen nach abgezählten Fäden die Leinwand zu besticken, ist wieder die beliebteste Handarbeit geworden. Während die altdeutschen und slavischen Arbeiten fast ausnahmslos die Muster, dicht mit Stickerei gefüllt, auf den unbedeckten Grundstoff hervortreten lassen, scheint in den altitalienischen Stickereien der Grund meist dicht besetzt, das Muster in dem Stoffe ausgespart. Alle Muster sind bemerkenswerth durch die Grazie der Zeichnung, durch geschickte Vertheilung im Raume und durch das ornamentale Gepräge, welches alle Bildungen der italienischen Renaissance auszeichnet. Neben den italienischen Mustern sind es auch die verschiedenen Stickweisen, in deren Mannigfaltigkeit und kunstreicher Ausführung die Schönheit der Vorlagen beruht. Außer dem gewöhnlichen Kreuzstich finden wir den Flechtenstich, der von Rhodos, Candia, Cypern nach Italien gelangt ist, den durchbrochenen italienischen Doppelstich, zwar mühevoll, aber von unvergleichlicher Schönheit, den leichteren griechischen Doppelstich.... Frau Lipperheide erklärt dann die einzelnen Muster ihrer Herkunft und ihrem Charakter nach, giebt Anweisung, wie diese Muster verändert, verschieden verwendet, übertragen werden können, wie sie für diesen oder jenen Stoffrand am besten passen, um gute Wirkung hervorzubringen. Breite und schmale Bordüren lehrt sie, die einen trennen, die anderen zusammensetzen, als laufendem Dessins Ecken bilden, die Mittelstücke passend verwenden. Endlich beschäftigen sich ihre Ausführungen mit dem Material. Als Grundstoff ist immer Leinewand von verschiedener Feinheit, aber mit fernigem Gewebe gedacht; das selten gewordene Handgewebe dem kräftigeren Structur ist immer vorzuziehen. Sibmacher- und Volbeinleinen, canevas de congrès- werden, seit die Leinenstickerei Mode geworden, wieder stark fabricirt. Purpurseide dient als besser Stichfaden. Auch Schwarz und Goldgelb erzielen bessere Wirkung als Grün oder Blau. Das richtige Verhältniß der Fadenstärke der Seide zu der des Gewebes muß stets zuvor ausprobirt werden. Cordonnetseide hat viele Freunde, doch sind für den Flechtenstich die vieltheiligen Fäden der Filoselle-Seide ungleich günstiger. Verschiedene Illustrationen lehren die Technik der einzelnen Sticharten, und endlich zeigen uns einige Bildtafeln die verschiedenen Anwendungsarten der italienischen Stickerei auf Leinen, auf Bettvorhängen und Bettwäsche zu Decken, Umschlägen an Fensterkissen, Handtüchern, Schürzen, Suggardinen 2c.

Den Haupttheil der Mappe bilden darauf die einzelnen Stickmuster. Durchweg sind dieselben eigenartig, stilvoll und schön, die Muster meist ausgespart in der Farbe des Grundstoffes, die Stickerei alle Flächen dieser Zeichnungen füllend. Von den altdeutschen Stickereien unterscheiden sich diese italienischen durch eine gewisse stilvolle Vornehmheit und durch weit größere Kraft in Zeichnung und Structur. Sie verhalten sich zu den unsrigen wie etwa die Renaissance der Florentiner Paläste zu der malerischen Anlage und Ausstattung des altdeutschen Patrizierhauses. Jedenfalls bekommen die stickenden Damen mit diesen Blättern neue Anregungen, mannigfaltiger Auswahl in verschiedenen Stilarten zu den verschiedenen Anwendungen. Für Leinenvorhänge, Decken, kräftige Umbordungen, Pleins, die auffallender zur Wirkung kommen sollen, werden sich diese Flechtstich- und Durchbruchmuster besonders eignen. Der sinnige Geschmack dürfte aber auch in dewselben Raume neben den Holbein- und Sibmacher-Mustern deutscher Herkunft gleichzeitig diese Italiener verwenden. Die Eigenart der schönen Zeichnungen, die meist von Meistern des Cinquecento herstammen, die bei uns bisher kaum geübte Technik der italienischen Stickarten werden neben den zarten, zierlichen, altdeutschen Leinenstickereien einen sehr guten Effect machen, ohne die harmonische Geschlossenheit der Gesammtausstattung fremdartig zu stören. Die Damenwelt muß der Herausgeberin für ihr werthvolles Sammelwerk sehr dankbar sein."

Fritz Wernick in der „Danziger Zeitung".

. . . „Auf die Bedeutung der von Julius Lessing gesammelten Muster altdeutscher Leinenstickerei wurde in diesen Blättern wiederholt hingewiesen. Ein nicht minder gehaltvolles Werk, welches sich ebenso durch den Reichthum der vorzüglichsten, mit feinstem Geschmacke ausgewählten Muster, als durch seine höchst praktische Einrichtung auszeichnet, erhalten wir jetzt in der von Frau Frieda Lipperheide veranstalteten und mit einem instructiven Texte versehenen Sammlung von Mustern altitalienischer Stickerei.... Das Werk entspricht sowohl nach seiner Form, als nach Inhalt und Einrichtung allen Anforderungen, welche nach der ästhetischen, wie nach der praktischen Seite hin gestellt werden können."

Dr. Otto von Schorn in „Kunst und Gewerbe". Nürnberg.

. . . „In eingehender Weise führt unser Musterbuch in die Anfertigung ein und erschließt in feinsinniger Art das Verständniß der eigenthümlichen Schönheiten der Vorlagen. Auch dieses Musterbuch ist sichtlich wieder eine Schule des Geschmackes für unsere Frauenwelt..."

Dompräbendat Friedr. Schneider im „Mainzer Journal".

In geradezu prächtiger Ausstattung liegt uns die erste Sammlung der „Muster altitalienischer Leinenstickerei" vor, die sich an die erschienenen altdeutschen Stickmuster eng anschließt.

Frau Frieda Lipperheide, die feinsinnige und sachverständige Herausgeberin dieser überaus interessanten Sammlung, hat sich hier wieder als die Klassikerin auf diesem von ihr mit so eminentem Erfolge gepflegten Gebiete bewährt. . . . . Wie bei allen Lipperheide'schen Verlagsartikeln fällt auch hier sofort die geschmackvolle, von hohem künstlerischen Verständniß zeugende Ausstattung und Anordnung in's Auge, und dann bei genauer Prüfung die große Gewissenhaftigkeit in der Redaction, die Authenticität des Materials und die achtunggebietende Sachkenntniß bei Bewältigung desselben. Es ist eine Freude, die Sammlung durchzublättern, und es muß auch eine Freude sein, nach derselben selbst zu arbeiten. Wir empfehlen sie unseren Leserinnen auf das Wärmste.

Wiener Sonn- und Montags-Zeitung.

. . . Wir können nur mit Worten der rückhaltslosesten Anerkennung über das Gebotene sprechen; die Wahl zeigt den vornehmsten Geschmack und geläutersten Schönheitssinn. Dieser Theil des Kunstgewerbes hat seiner Herausgeberin schon die folgenreichsten Anregungen zu verdanken; dieselben finden hier ihre Fortsetzung. Einen Erfolg zu wünschen ist überflüssig. Daß die Ausstattung in jeder Hinsicht eine für solche Arbeiten musterhafte ist, versteht sich bei der Firma des Verlegers von selbst.

Deutsche Rundschau.

. . . Ueber den Charakter dieser Muster können wir nicht zu viel des Lobes sagen. Sie sind offenbar von einer Dame gesammelt worden, die, vollkommen Herrin des Gegenstandes und bekannt mit den künstlerischen Eigenschaft dieser elegantesten Form der weiblichen Handarbeit zu schätzen. Sie bilden einen Theil einer Reihe von ähnlichen Musterbüchern derselben Verlagshandlung, die von der deutschen Presse die höchsten Lobsprüche erhalten haben. Nicht nur, weil die Frauen von Geschmack einen trefflichen Vorrath zur Nachbildung liefern, sondern auch als ein Mittel der Erziehung in der Kunst sind diese prächtigen Sammlungen in hohem Grade bewundernswürdig, und wir empfehlen dieselben unseren Gönnerinnen und Leserinnen auffällig.

The Manufacturer and Builder. — New-York.

Frau Frieda Lipperheide hat kürzlich in Berlin ein Buch herausgegeben, betitelt: Muster altitalienischer Leinenstickerei, als Fortsetzung von früher veröffentlichten Bänden, welche alle Arten der altdeutschen Stickerei enthalten. Diese Bände, welche mit der größten Sorgfalt zusammengestellt sind und auf 60 Tafeln Vorlagen mit allen für das Nacharbeiten wünschenswerthen Erläuterungen umfassen, gehören zu den interessantesten Publicationen nicht allein für die Damenwelt, an welche diese Arbeiten sich ganz besonders wenden, sondern auch für die wirklichen Liebhaber von Kunstgegenständen.

Moniteur des Arts. — Paris.

Die Publication ist sehr gut in der Anlage und besonders schön ausgestattet. Das Ganze umfaßt beinahe 150 verschiedene, bewundernswerth ausgeführte Muster, umgerechnet den den Text begleitenden Zeichnungen zur Erläuterung der technischen Herstellung, der Geschichte und der Herkunft all dieser Stickereien.

Mit Vergnügen geben wir die Ankündigung dieses interessanten Werkes, aber nicht ohne ein Gefühl des Bedauerns, indem wir bedenken, was Alles bei uns noch geschehen werden muß, wenn wir es ebensoweit bringen wollen wie unsere Nachbarn in Bezug auf die Anschauung dessen, was die Kunst-Industrie heben und für nutzbar machen kann.

Chronique des Arts. — Paris.

Jede Sammlung ist einzeln zu haben; es besteht also keine Verbindlichkeit zur Abnahme des Weiteren.

Die Verlagshandlung von Franz Lipperheide in Berlin.

Leipzig, Druck von Otto Dürr.

Inhalt.

	Seite
Verzeichniß der Muster	6
Uebersicht über die Herkunft der Muster	7
Die Muster und ihre Anwendung	9
Wiedergabe und Zusammenstellung der Muster (Abb. 1—12)	9
Ausführung in verschiedener Technik	11
Kreuzstich (Abb. 13—33)	11
Flechtenstich (Abb. 34—37)	14
Lockenstich (Abb. 38—46)	15
Kettenstich (Abb. 47—49)	16
Knötchenstich (Abb. 50—63)	17
Ueberfangstich (Abb. 64)	18
Stopfstich (Abb. 65—66)	18
Gobelinstich (Abb. 67—68)	19
Flachstich (Abb. 69—76)	19
Wirkstich (Abb. 77—80)	20
Strickerei und Häkelarbeit (Abb. 81—86)	21
Anordnung zum Ausschmücken verschiedener Gegenstände (Abb. 87—109)	22
Hundertunddreiundneunzig Muster auf dreißig Tafeln.	

Verzeichniß der Muster.

Schmale Borten und Abschlußrändchen aus geraden, wie schrägen Bäumchen und Figuren.

Tafel 4. 10–15.
Tafel 6. 19–20, 25–26.
Tafel 9. 40–41.
Tafel 16. 80, 82.
Tafel 17. 89–93.
Tafel 18. 109.
Tafel 22. 141.
Tafel 25-26. 167–168.
Tafel 28. 176–178, 180–182.

Borten in verschiedenen Breiten ohne Abschlußrändchen.

Tafel 2. 3.
Tafel 5. 7–8.
Tafel 6. 21–22.
Tafel 7. 29–30, 33.
Tafel 8. 54, 56, 58.
Tafel 10-11. 45.
Tafel 16. 78, 79, 81.
Tafel 28. 183–184.

Borten in verschiedenen Breiten mit Abschlußrändchen.

Tafel 2. 4, 6.
Tafel 5. 15, 16, 18.
Tafel 6. 23–24, 27–28.
Tafel 7. 31–32.
Tafel 8. 55, 57, 59.
Tafel 10-11. 46–47.
Tafel 25-26. 172.

Borten mit Bäumchen oder Figuren als Abschluß.

Tafel 1. 1–2.
Tafel 9. 42–44.
Tafel 15. 55.
Tafel 14. 60.
Tafel 27. 173–175.
Tafel 29. 192.

Borten mit Ecklösung.

Tafel 1. 2.
Tafel 4. 9.
Tafel 5. 17.
Tafel 8. 54, 56, 59.
Tafel 22. 140, 142.

Schräglaufende Borten.

Tafel 12. 18.
Tafel 15. 56.

Hochstehende Einzelfiguren. Gerade Bäumchen.

Tafel 2. 5.
Tafel 17. 85–86, 88.
Tafel 19. 115.
Tafel 20. 121, 124.
Tafel 21. 130.
Tafel 22. 138.
Tafel 25-24. 144–145, 148, 151–153, 158, 161, 162, 164, 166.
Tafel 25-26. 170.
Tafel 28. 179.
Tafel 29. 191.
Tafel 30. 195.

Schräge Bäumchen und Eckstücke.

Tafel 18. 94–96, 97–98, 101–108, 110–113.
Tafel 19. 114, 116.
Tafel 22. 135, 139.
Tafel 25-26. 169, 171.

Hochstehende Einzelfiguren. Gerade Bäumchen mit Borten oder Abschluß.

Tafel 4. 14.
Tafel 17. 87.
Tafel 19. 118.
Tafel 20. 125.
Tafel 21. 126, 129.
Tafel 22. 136, 137.
Tafel 25-24. 146–147, 149–150, 155–157, 159–160, 163, 165.
Tafel 25-26. 172.
Tafel 29. 187, 192.

Schräge Bäumchen und Eckstücke mit Borten oder Abschluß.

Tafel 19. 117, 119.
Tafel 20. 120, 122–123, 126.
Tafel 21. 127, 131–132, 134.
Tafel 22. 140, 142.
Tafel 29. 186, 188.

Zwischenfiguren und Abschlußzeichen.

Tafel 16. 77–79.
Tafel 18. 96, 99–100.
Tafel 19. 115.
Tafel 21. 128, 130, 133.
Tafel 22. 136–137.
Tafel 25-24. 143, 152–154.
Tafel 29. 189–190.

Carreaux und Mittelstücke.

Tafel 9. 44.
Tafel 12. 49–54.
Tafel 15. 57–59.
Tafel 14. 61–65.
Tafel 15. 66–71.
Tafel 16. 78–79, 81.

Grundmuster und Einzelfiguren als Grundmuster verwendbar.

Tafel 4. 9.
Tafel 16. 72–76.

Ueberſicht über die Herkunft der Muſter auf den Tafeln.

1. Borte. Naturgroße Darſtellung der Stickerei. Kreuz- und Sternſtich mit rothem und blauem Garn. Muſeum zu St. Gallen. Nach Johann Sibmacher's Modelbuch, Nürnberg 1604, ausgeführt von Frl. M. Jörres, München.
2. Borte mit Eckbildung. Naturgroße Darſtellung der Stickerei. Kreuz- und Stichſtich mit blauem und rothem Garn und ſchwarzer Seide. Kleinrußland.
3. Borte. Naturgroße Darſtellung der Stickerei. Flechtenſtich (ſiehe Abb. 34), Kreuz- und Stichſtich mit farbiger Seide. Schweiz. 17.—18. Jahrhundert. Muſtertuch. Eigene Sammlung. Auch: Neu künſtlich Modelbuch bei B. Jobin, 1579.
4. Borte. Naturgroße Darſtellung der Stickerei. Nettenſtich (ſiehe Abb. 47 u. 49) mit rothem und blauem Garn. Nach Sibmacher's Stich- und Spitzen-Muſterbuch, Nürnberg 1597. Ausgeführt im Kloſter Seligenthal bei Landshut in Baiern.
5. Bäumchen mit Ehrenfiguren. Kreuzſtich mit farbiger Seide. Deutſchland. 16.—17. Jahrhundert. Muſtertuch. Eigene Sammlung. Naturgroße Darſtellung der Stickerei in neuer Ausführung auf Filetgrund in Stopfſtich (ſiehe Abb. 63) mit farbiger Seide von Frl. E. Seliger, Berlin.
6. Borte. Naturgroße Darſtellung der Stickerei. Gobelinſtich (ſiehe Abb. 67) und Flachſtich (ſiehe Abb. 70) mit weißem Garn und farbiger Wolle. Von einem Humerale (Theil eines Prieſtergewandes). (4. Jahrhundert). Bairiſches Nationalmuſeum zu München.
7. Borte. Naturgroße Darſtellung der Stickerei. Ueberfangſtich (ſiehe Abb. 64) mit weißem und gelbem Garn. Nach Sibmacher's Modelbuch, Nürnberg 1604, ausgeführt im Kloſter Seligenthal bei Landshut in Baiern. Anwendung Seite 22, Abb. 89.
8. Borte. Naturgroße Darſtellung der Stickerei. Flechtenſtich (ſiehe Abb. 34) und Stichſtich mit farbiger Seide. Slaviſch. Eigene Sammlung. Vergl. Tafel 8, Nr. 38.
9. Grundmuſter mit Borte. Naturgroße Darſtellung der Stickerei. Lochenſtich (ſiehe Abb. 38) mit farbiger Strich-Baumwolle. Nach ſlaviſchen Motiven ausgef. v. Frl. Luiſe Bochlechner, Wien.
10—13. Schmale Borten. Naturgroße Darſtellung der Stickerei. Lochenſtich (ſiehe Abb. 38) mit rothem oder blauem Garn. Slaviſch. Eigene Sammlung.
14. Münchenfigur. Naturgroße Darſtellung der Stickerei. Nettenſtich (ſiehe Abb. 48) auf Fries mit Hamburger Wolle. Eigene Sammlung. Vergl. Tafel 22, Nr. 137.
15. Borte. Naturgroße Darſtellung der Stickerei. Wirfſtich (ſiehe Abb. 77—78) mit blauem Garn auf Java-Canevas. Dalekarlien. Nationale Haus-Induſtrie. Eigene Sammlung.
16. Borte. Naturgroße Darſtellung der Stickerei. Flachſtich (ſiehe Abb. 70). Knödelnſtich (ſiehe Abb. 50) und Stichſtich mit rother Seide und Goldfaden.
17. Borte. Naturgroße Darſtellung der Stickerei. Schräger Gobelinſtich auf Java-Canevas. Neu zuſammengeſtellt.
18. Borte. Naturgroße Darſtellung der Stickerei. Flachſtich (ſiehe Abb. 70) mit farbiger Wolle auf Fries. Neu zuſammengeſtellt.
19—22. Borten. Doppelſeitigerkreuzſtich mit farbiger Seide. Deutſchland. 16.—17. Jahrhundert. Muſtertuch. Eigene Sammlung.
23—24. Borten. Gehörig zu den Muſtern. Tafel 23—24, Nr. 132—134 und 163. Vorhanden in verſchiedener Ausführung. I. Kreuzſtich mit rothem und blauem Garn. (17. Jahrhundert.) Ungarn. II. Knödelnſtich und Flachſtich (ſiehe Abb. 50, 70) mit weißem Zwirn. 18. Jahrhundert. Eigene Sammlung. III. Kreuzſtich mit rothem Garn. Königl. Kunſtgewerbe-Muſeum zu Dresden.
25—26. Borten. Knötchenſtich (ſiehe Abb. 50) mit weißem Zwirn. Deutſchland. 17.—18. Jahrhundert. Muſtertuch. Eigene Sammlung. Auch: B. Jobin, 1579.
27. Borte. Vorhanden in verſchiedener Ausführung. I. Doppelſeitiger Kreuzſtich mit farbiger Seide. Muſtertuch. II. gehörig zum Muſter, Tafel 7, Nr. 88. Kreuzſtich mit rothem Garn. Reichtuch. Beide Stücke: 17.—18. Jahrhundert. Eigene Sammlung. Vergl. Tafel 6, Nr. 28.
28. Borte. Aus dem altitalieniſchen Muſterbuch. Frédéric de Vinciolo, 1594. Vergl. Tafel 6, Nr. 27.
29. Borte. Kreuzſtich mit rothem Garn. Siebenbürgen. 17.—18. Jahrhundert. Eigene Sammlung.
30. Borte. Kreuzſtich mit farbigem Garn. Kleinrußland. Eigene Sammlung. Anwendung Seite 22, Abb. 88.
31. Borte. Kreuzſtich mit farbiger Seide. Deutſchland. 16.—17. Jahrhundert. Muſtertuch. Eigene Sammlung.
32—33. Borten. Kreuzſtich mit farbiger Seide. Deutſchland. 17. Jahrhundert. Muſtertücher. Privatbeſitz, Freiherr v. Münchhauſen. Windiſchleuba.
34. Borte mit Eckbildung. Kreuz- und Stichſtich mit farbiger Seide. Deutſchland. 16.—17. Jahrhundert. Muſtertuch. Eigene Sammlung.
35. Borte. Kreuzſtich mit farbiger Seide. Deutſchland. 16.—17. Jahrhundert. Muſtertuch. Eigene Sammlung. Auch: B. Jobin, 1579. Vergl. Seite 21, Abb. 82.
36. Borte mit Eckbildung. Kreuz- und Stichſtich mit farbiger Seide. Deutſchland. 16.—17. Jahrhundert. Muſtertuch. Eigene Sammlung. Vergl. Seite 12, Abb. 18.
37. Borte. Kreuz-, Stern- und Stichſtich mit farbiger Seide. Deutſchland. 16.—17. Jahrhundert. Muſtertuch. Eigene Sammlung.
38. Borte mit Eckbildung (ſiehe Abb. 34) und Stichſtich mit farbiger Seide. Slaviſches Reichtuch. Eigene Sammlung. Vergl. Tafel 3, Nr. 8.
39. Borte mit Eckbildung. Kreuz- und Stichſtich mit farbiger Seide. Deutſchland. 16.—17. Jahrhundert. Muſtertuch. Eigene Sammlung.
40—41. Bäumchen-Abſchlüſſe. Neu zuſammengeſtellt.
42—43. Borten und Bäumchen-Abſchlüſſe gehörig zu Tafel 24, Nr. 181—182. Kreuzſtich mit rothem und blauem Garn. Tirol. 17.—18. Jahrhundert. Bettdecke. Privatbeſitz, Frl. Johanna Pfreichner, Jenbach. Darſtellung: Seite 22—23, Abb. 96. Nr. 42 auch: B. Jobin 1579. Sternfigur in Nr. 44, aus dem altitalieniſchen Muſterbuch. Frédéric de Vinciolo, 1594.
45. Borte. Kreuzſtich mit rothem Garn. Siebenbürgen. 17.—18. Jahrhundert. Kiſſenbezug. Eigene Sammlung. Anwendung, Seite 23, Abb. 103.
46. Borte. Nach einem Filetſtreifen. Muſeum zu Salzburg.
47. Borte. Hans Sibmacher's Modelbuch, Nürnberg 1604. Vorhanden in doppelſeitigem Kreuzſtich mit rothem Garn. Reichtuch. Eigene Sammlung.
48—68. Borten mit Einzelfiguren. Flechtenſtich (ſiehe Abb. 34), mit rother Seide. Deutſchland. 16.—17. Jahrhundert. Welches Ueberhandtuch. Eigene Sammlung. Darſtellung: Seite 23, Abb. 95.
69. Carreau. Flechtenſtich (ſiehe Abb. 34) mit rothem Garn. Siebenbürgen. 17.—18. Jahrhundert. Tiſchtuch. Eigene Sammlung.
70—71. Carreaus. Aus dem altitalieniſchen Muſterbuch. Frédéric de Vinciolo, 1594. Vorhanden in Kreuzſtich mit rothem Garn. Deutſchland. 17.—18. Jahrhundert. Handtuch. Eigene Sammlung. Vergl. Tafel 9, Nr. 44.
72—76. Einzelfiguren oder Zwiſchenſtreifen als Borte, gehörig zum Muſter mit farbiger Seide. Italien. Eigene Sammlung.
77. Schlingſtichen. Neu zuſammengeſtellt.
78. Borte aus Carreau und Bäumchen. Kreuz- und Stichſtich mit rothem Garn. Siebenbürgen. 17.—18. Jahrhundert. Kiſſenbezug. Eigene Sammlung. Darſtellung Seite 22—23, Abb. 96, Nr. 112.
79. Borte aus Carreau und Bäumchen. Kreuz- und Stichſtich mit farbigem Garn. Deutſchland. 16.—17. Jahrhundert. Muſtertuch. Eigene Sammlung.
80. Borte. Kreuzſtich mit ſchwarzer Seide. Deutſchland. Ehrmatzlen. Eigene Sammlung.
81. Carreaux und Borten mit Zwiſchenſtreifen als Borte, gehörig zum Muſter, Tafel 17, Nr. 67. Flechtenſtich (ſiehe Abb. 34) aber Stichſtich mit rothem Garn. Siebenbürgen. 17.—18. Jahrhundert. Kiſſenbezug. Eigene Sammlung.
82. Borte. Knötchenſtich (ſiehe Abb. 50) mit farbiger Seide. Deutſchland. 17. Jahrhundert. Eigene Sammlung.
83—85. Gerade Bäumchen. Kreuz- und Stichſtich mit farbiger Seide. Deutſchland. 17. Jahrhundert. Muſtertuch. Privatbeſitz, Gräfin Schönburg, Nordrhein.
86. Gerades Bäumchen. Doppelſeitiger Kreuz-, Stern- und Stichſtich mit farbiger Seide. Deutſchland. 17. Jahrhundert. Muſtertuch. Eigene Sammlung.
87. Gerades Bäumchen gehörig zum Muſter, Tafel 16, Nr. 61. Flechtenſtich (ſiehe Abb. 34) mit rothem Garn. Siebenbürgen. 17.—18. Jahrhundert. Kiſſenbezug. Eigene Sammlung.
88. Gerade Bäumchenfigur, gehörig zum Muſter, Tafel 6, Nr. 27. Kreuz-, Stern- und Stichſtich mit rothem Garn. Deutſchland. 17. Jahrhundert. Reichtuch. Eigene Sammlung.
89—92. Bäumchen-Abſchlüſſe. Flechtenſtich (ſiehe Abb. 34) mit rothem Garn. Verſchiedene Muſtertücher. Eigene Sammlung.
93. Borte, gehörig zum Muſter, Tafel 20, Nr. 124. Flechtenſtich (ſiehe Abb. 34) mit rothem Garn. Eigene Sammlung.
94—104. Schräge Bäumchen, Zwiſchenfiguren und Schlingfäden. Kreuz-, Stern- und Stichſtich buntfarbig. Seide und Garn. Deutſchland. 17. Jahrhundert. Muſtertücher. Privatbeſitz, Gräfin Schönburg, Nordrhein und Wolfsburg. Nr. 97, 95 und 103, eigene Sammlung.
105. Rand-Abſchluß mit geradem Bäumchen. Neu zuſammengeſtellt.
110. Schräge Bäumchenfigur. Tirol. 17.—18. Jahrhundert. Privatbeſitz, Frl. Johanna Pfreichner, Jenbach.

— 7 —

111–112. Schräge Bäumchen-Figuren. Flechtenstich (siehe Abb. 34), Stern- und Strichstich mit rothem Garn. Deutschland. 17.–18. Jahrhundert. Handtuch. Eigene Sammlung.

113. Schräge Bäumchen-Figur. Kreuz- und Strichstich mit rothem Garn. Siebenbürgen. 17.–18. Jahrhundert. Kissenbezug. Eigene Sammlung.

114. Schräge Bäumchen-Figur. Kreuz- und Strichstich mit rothem Garn. Tirol. 17.–18. Jahrhundert. Leintuch. Eigene Sammlung.

115. Einzelfigur. Deutschland. 18. Jahrhundert. Mustertuch. Eigene Sammlung.

116–117. Schräge Bäumchen-Figuren. Kreuz-, Stern- und Strichstich mit rothem Garn. Tirol. 17. 18. Jahrhundert. Leintücher. Eigene Sammlung.

118. Gerade Bäumchen-Figur mit Borte. Vorhanden in verschiedener Ausführung. I. Kreuzstich mit rothem und blauem Garn. II. Doppelseitiger Kreuzstich mit schwarzer Wolle. Ungarn. Handtuch. Eigene Sammlung.

119. Schräge Bäumchen-Figuren. Kreuz-, Stern- und Strichstich mit farbiger Seide. Deutschland. 17. Jahrhundert. Mustertuch. Eigene Sammlung.

120. Schräge Bäumchen-Figur mit Randabschluß. Doppelseitiger Kreuz-, Stern- und Strichstich mit farbiger Seide. Deutschland. 17. Jahrhundert. Mustertuch. Eigene Sammlung. (Siehe Seite 10, Abb. 3.)

121. Gerade Bäumchen-Figur. Kreuz- und Strichstich mit schwarzer Seide. Deutschland. Elbmarschen. Kissenbezug. Eigene Sammlung.

122–123. Schräge Bäumchen-Figuren mit Randabschluß. Kreuz-, Stern- und Strichstich. 17. Jahrhundert. Mustertücher. Privatbesitz, Gräfinnen Schulenburg, Nordkirchen und Wolfsburg.

124. Gerade Bäumchen-Figur. Gehörig zum Muster, Tafel 17, Nr. 93. Flechtenstich (siehe Abb. 34), Stern- und Strichstich mit rothem Garn. Deutschland. Eigene Sammlung. (Siehe Seite 10, Abb. 6.)

125. Schräges Doppelbäumchen. Kreuzstich mit rothem Garn. Siebenbürgen. 17. 18. Jahrhundert. Kissenbezug. Eigene Sammlung.

126. Schräge Bäumchen-Figur mit Randabschluß. Doppelseitiger Kreuz- und Strichstich mit farbiger Seide. Deutschland. 17. Jahrhundert. Mustertuch. Eigene Sammlung.

127. Schräge Bäumchen-Figur mit Randabschluß. Doppelseitiger Kreuz- und Strichstich mit rothem Garn. Tirol. Leintuch. Eigene Sammlung.

128. Gerade Bäumchen-Figur mit Borte. Doppelseitiger Kreuzstich mit farbiger Seide. Deutschland. 17. Jahrhundert. Mustertuch. Eigene Sammlung.

129. Gerade Bäumchen-Figur mit Borte. Kreuz- und Strichstich mit rothem Garn. Deutschland. 16.–17. Jahrhundert. Eigene Sammlung.

130. Gerade Bäumchen-Figur. Kreuzstich mit rothem Garn. Deutschland. 18. Jahrhundert. Handtuch. Eigene Sammlung.

131. Schräge Bäumchen-Figur mit Randabschluß. Kreuzstich mit rothem und blauem Garn. Tirol. 18. Jahrhundert. Leintuch. Eigene Sammlung.

132. Schräge Bäumchen-Figur mit Borte. Kreuz- und Strichstich mit farbiger Seide. Deutschland. 17. Jahrhundert. Mustertuch. Privatbesitz, Frau Dr. Hibig in Dresden. Borte aus dem altitalienischen Musterbuch: Paderio di Vinciolo, 1594 und nach Jiles. Eigene Sammlung. (Siehe Seite 10, Abb. 11.)

133. Zwischenfigur (Borte). Lochenstich (siehe Abb. 38) und Strichstich mit farbigem Garn. Ungarn. Eigene Sammlung.

134. Schräge Bäumchen-Figur mit Borte, gehörig zum Muster, Tafel 23–24, Nr. 165. Tirol. 16.–17. Jahrhundert. Tischtuch. Salzburger Museum.

135. Gerade Bäumchen-Figur. Doppelseitiger Kreuz-, Stern- und Strichstich mit farbiger Seide. Deutschland. 17. Jahrhundert. Mustertuch. Eigene Sammlung.

136–137. Gerade Bäumchen-Figuren mit Randabschluß. Kreuz-, Stern- und Strichstich mit rothem Garn. Deutschland. 17. Jahrhundert. Mustertuch. Eigene Sammlung.

138. Gerade Bäumchen-Figur. Vorhanden in verschiedener Ausführung. I. Kreuz-, Stern- und Strichstich mit farbiger Seide. II. Flechtenstich (siehe Abb. 34) mit rothseidener Seide. Deutschland. Elbmarschen. Handtuch. Eigene Sammlung.

139–140. Schräge Bäumchen-Figuren mit Eckborte. Kreuz-, Stern- und Strichstich mit farbiger Seide. Deutschland. 17. Jahrhundert. Privatbesitz, Gräfinnen Schulenburg, Nordkirche und Wolfsburg. Borte neu zusammengestellt. (Siehe Seite 9, Abb. 2.)

141. Borte. Kreuz- und Strichstich mit rothem Garn. 17. Jahrhundert. Mustertuch. Eigene Sammlung.

142. Schluß mit Borte. Kreuz-, Strich- und Flachstich (siehe Abb. 70). Kelchtuch. Privatbesitz, Herr Kaplan Brügge in Meschede.

143. Zwischenfigur (Borte), gehörig zum Muster, Tafel 30, Nr. 193. Flechtenstich (siehe Abb. 34), Stern- und Strichstich. Eigene Sammlung.

144–151. Gerade und Doppel-Bäumchen. Kreuz-, Stern- und Strichstich mit farbigem Garn oder Seide. Eigene Sammlung.

152–154. Einzelfiguren, gehörig zu den Mustern, Tafel 23–24, Nr. 165 und Tafel 6, Nr. 25. Kreuz- und Strichstich mit rothem und blauem Garn. Ungarn. Handtuch. Eigene Sammlung.

155. Gerade Bäumchen-Figur mit Borte. Lochenstich (siehe Abb. 38) einmal mit rothem und blauem Garn, einmal mit schwarzer Wolle. Ungarn. Handtücher. Eigene Sammlung.

156. Gerade Bäumchen-Figur mit Borte. Kreuz-, Stern- und Strichstich mit rothem Garn. Slavisches Leintuch. Eigene Sammlung.

157. Gerade Bäumchen-Figur. Kreuzstich mit rothem Garn. Tirol. Leintuch. Eigene Sammlung. Siehe Seite 10, Abb. 8.

158. Einzelfigur. Doppelseitiger Kreuz- und Strichstich mit rothem Garn. Deutschland. Kelchtuch. Eigene Sammlung.

159. Gerade Bäumchen-Figur mit Randabschluß. Kreuzstich mit farbigem Garn. Königl. Kunstgewerbe-Museum zu Dresden.

160. Gerade Bäumchen-Figur mit Randabschluß. Kreuz- und Strichstich mit rothem Garn. Tirol. Leintuch. Eigene Sammlung.

161–162. Gerade Bäumchen-Figuren. Kreuz- und Strichstich mit rothem Garn. Deutschland. 17. Jahrhundert. Mustertuch. Privatbesitz, Gräfin Schulenburg, Nordkirche.

163. Bäumchen-Figur mit Randabschluß, gehörig zu den Mustern, Tafel 23–24, Nr. 152–154 und Tafel 6, Nr. 25. Kreuz- und Strichstich. Ungarn. Handtuch. Eigene Sammlung.

164. Gerade Bäumchen-Figur. Kreuzstich mit brauner und schwarzer Seide. Deutschland. Elbmarschen. Kissenbezug. Eigene Sammlung.

165. Gerade Bäumchen-Figur mit Borte, gehörig zu dem Muster, Tafel 23–24, Nr. 154. Tirol. 16.–17. Jahrhundert. Tischtuch. Salzburger Museum.

166. Gerade Bäumchen-Figur. Doppelseitiger Kreuz-, Stern- und Strichstich. Deutschland. 17. Jahrhundert. Mustertuch. Eigene Sammlung. Tafel 25–26, Nr. 169–170.

167–168. Schräge Bäumchen-Abschlüsse. Neu zusammengestellt.

169–170. Schräge und gerade Bäumchen-Figur. Kreuz-, Stern- und Strichstich mit farbiger Seide. Deutschland. 17. Jahrhundert. Mustertuch. Privatbesitz, Gräfin Schulenburg, Nordkirche.

171. Schräges Bäumchen. Flechtenstich (siehe Abb. 34) und Strichstich mit rothem Garn. Deutschland. 17. Jahrhundert. Kelchtuch. Eigene Sammlung. Siehe Seite 10, Abb. 7.

172. Gerade Bäumchen-Figuren mit Abschluß. Flechtenstich (siehe Abb. 34), Stern- und Strichstich mit rothem Garn. Ungarn. Eigene Sammlung.

173–174. Borten. Nach Musterstreifen in Filet mit Durchzug übertragen.

175. Borte mit Abschluß aus stehenden Bäumchen. Kärnten. Kissenbezug. Eigene Sammlung. Siehe auch Seite 22–23, Abb. 102.

176. Randabschluß. Flechtenstich (siehe Abb. 34) mit rothem Garn. Eigene Sammlung.

177. Bäumchen-Abschluß. Kreuz- und Strichstich mit rothem Garn. Eigene Sammlung. Siehe auch Seite 22–23, Abb. 102.

178. Bäumchen-Abschluß mit Ecke. Aus dem altitalienischen Musterbuch: Sorena, Opera nova di Recami, 1564. Ferner Musterstück in Kreuzstich mit rothem Garn. Eigene Sammlung.

179. Gerades Doppelbäumchen. Flechtenstich (siehe Abb. 34) und Strichstich mit rothem Garn. Eigene Sammlung.

180. Borte mit Ecke. Lochenstich (siehe Abb. 38) mit rothem Garn. Croatien. Eigene Sammlung.

181–182. Bäumchen-Abschluß gehörig zu den Mustern, Tafel 9, Nr. 42–44. Kreuzstich mit rothem und blauem Garn. Verdeckt. Privatbesitz, Frl. D. Pfersichner, Jenbach. Darstellung: Seite 22–23, Abb. 96.

183–185. Borten. Kreuz-, Flechtenstich (siehe Abb. 34) und Strichstich mit rothem Garn. Ungarn. Leintücher. Eigene Sammlung. Siehe 22–23, Abb. 102.

186–188. Schräge und Doppelbäumchen mit Randabschluß. Kreuz-, Stern- und Strichstich. Deutschland. 17. Jahrhundert. Mustertuch. Privatbesitz, Gräfin Schulenburg, Nordkirche.

189–190. Zwischenfiguren. Neu zusammengestellt.

191–192. Gerade Bäumchen-Figur mit Borte. Flechtenstich (siehe Abb. 34) mit rothem Garn. Ungarn. Leintuch. Eigene Sammlung.

193. Große Bäumchen-Figur. Flechtenstich (siehe Abb. 34), Stern- und Strichstich. Mit der Zwischenfigur, Tafel 23–24, Nr. 143, als Borte zusammengestellt. Ungarn. Leintuch. Eigene Sammlung.

— 8 —

Die Muster und ihre Anwendung.

Mit den vorliegenden Blättern reihen wir den von uns herausgegebenen, der Leinenstickerei gewidmeten Sammlungen, die sich in kurzer Frist so viele Freunde erworben haben, eine neue an, welche gleich ihren Vorgängerinnen eine Fülle werthvoller Muster enthält. Wenn auch ein großer Theil derselben deutschen Ursprungs ist, so haben wir doch das Fremde nicht streng ausgeschieden und auf diese Weise nicht nur eine um so größere Mannigfaltigkeit erzielt, sondern auch Gelegenheit zu unmittelbaren interessanten Vergleichen zwischen den Mustern verschiedener Länder geboten.

Neben Vorlagen nach deutschen, oft in Seide und buntfarbig gearbeiteten Musterbüchern aus dem 16.–18. Jahrhundert, erscheinen solche nach alten Leinenstickereien in Roth, Schwarz und Braun, aus den Elbmarschen, Tirol, Kärnthen, Ungarn, Siebenbürgen, Dalekarlien und Kleinrußland; andere finden sich wiederum in deutschen und italienischen Musterbüchern aus den Jahren 1564, 1579, 1594, 1597 und 1604.

Eine übersichtliche Zusammenstellung auf Seite 7–8 giebt in kurzen Worten, sowohl über alles Wichtige und Wissenswerthe, als über den Ursprung der verschiedenen Muster Auskunft.

Bei der Anordnung der einzelnen Tafeln haben wir soweit wie möglich das Gleichartige zu einer Gruppe vereinigt, um mit Hülfe der erwähnten Uebersicht die Aehnlichkeiten zwischen Mustern verschiedener Länder hervortreten zu lassen. So stammen z. B. die Vorlagen auf Tafel 6 theils aus Deutschland, theils aus Italien, während doch ihr gemeinsamer Charakter eine gleiche Herkunft anzudeuten scheint. Auf alten Kissenbezügen oder Handtüchern Tirols und Siebenbürgens sieht man häufig Stickereien, deren Formen auch in alten italienischen Musterbüchern und auf Leinenstickereien verschiedenen Ursprungs vorkommen. (Siehe Tafel 9, Nr. 44 und Tafel 15, Nr. 70–71.)

Die Originale der Muster befinden sich größtentheils in unserer eigenen Sammlung, doch ist uns auch von Museen und aus Privatkreisen reiches Material in liebenswürdigster Weise zur Verfügung gestellt worden, wofür wir an dieser Stelle unserem wärmsten Danke Ausdruck geben.

Wiedergabe und Zusammenstellung der Muster.
Hierzu Abb. 1–12.

Zur Wiedergabe der Muster sind die bewährten, von uns erfundenen Typen verwendet, welche die volle Wirkung der Stickerei hervorbringen, die einzelnen Stiche klar und scharf abgegrenzt und auf diese Weise das Zählen derselben, sowie überhaupt das Arbeiten nach Mustern möglichst erleichtern.

Die Verwendung der auf unseren Tafeln dargestellten Vorlagen bleibt keineswegs auf die gegebene Weise beschränkt, sondern durch Zusammensetzen einzelner Theile und Figuren lassen sich immer neue Musterungen gestalten.

Die Bildung von Ecken und Verbreiterung von Borten durch Zusam-

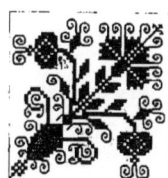

1. Eckbäumchen, zusammengestellt aus dem geraden Bäumchen, Tafel 17, Nr. 87. Juft nach Tafel 21, Nr. 132.

2. Carreau, zusammengestellt aus dem schrägen Bäumchen Tafel 22, Nr. 140.

3. Carreau, zusammengestellt aus dem schrägen Bäumchen, Tafel 21, Nr. 131.

4. Eckfigur, zusammengestellt aus dem geraden Bäumchen. Tafel 29. Nr. 187.

6. Eckbäumchen, zusammengestellt aus dem geraden Bäumchen. Tafel 20, Nr. 124.

7. Carreau, zusammengestellt aus dem schrägen Bäumchen. Tafel 25-26, Nr. 131.

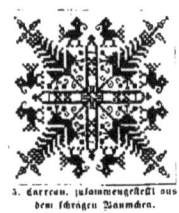

5. Carreau, zusammengestellt aus dem schrägen Bäumchen. Tafel 20, Nr. 120.

meisten derselben lebten wir bereits in der ersten und zweiten Sammlung von Mustern altitalienischer Leinenstickerei; es folgen nun hier eine Anzahl Beispiele von Neubildungen aus den Einzelfiguren verschiedener Muster.

Gerade und schräge Bäumchen lassen sich zu Carreaux, Mittel- und Eckstücken, sowie zu länglichen Figuren zusammenstellen, wozu die Abb. 4 - 12 anregen. Die Veränderungen, welche die Muster hierbei erfahren, sind nur äußerst gering. Mit Hülfe der Vorlagen und des bereits früher erwähnten Eckspiegels (siehe Abb. 4, erste Sammlung alt-

oder deren einzelne Theile zu Neubildungen heranziehen.

Die erklärenden Unterschriften weisen auf die zu Grunde gelegten Muster hin. Ihre Wiedergabe ist trotz der Feinheit so klar, daß die einzelnen Stiche noch immer deutlich erkennbar sind.

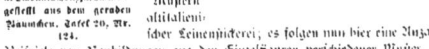

9. Carreau, zusammengestellt aus dem schrägen Bäumchen. Tafel 19. Nr. 116.

8. Längliche Figur, zusammengestellt aus dem geraden Bäumchen. Tafel 23-24, Nr. 157.

italienischer Muster) dürfte sich fast jedes Muster vervollständigen oder umgestalten lassen.

Manche ergeben sich geradezu von selbst, wie z. B. Carreaux aus den geraden Bäumchen, 124 und 125, welche ebenso leicht auch Eckbäumchen bilden, wie es Abb. 6 darstellt. Jedes der vorhandenen Eckbäumchen kann den Fuß einer solchen Neubildung herleihen. (Siehe Abb. 4.)

Ebenso wie die Theile eines und desselben Musters in unbeschränkter Freiheit zu stets neuen Variationen umgestellt werden können, so kann man auch der größeren Mannichfaltigkeit wegen verschiedene Figuren,

10. Längliche Figur, zusammengestellt aus geraden Bäumchen. H. d. verwendbaren Muster. Tafel 23 24, Nr. 161.

11. Eckfigur, zusammengestellt aus dem schrägen Bäumchen. Tafel 21, Nr. 137.

12. Borte aus Doppelbäumchen, zusammengestellt aus schrägen Bäumchen. H. d. verwendbaren Muster. Tafel 21. Nr. 127 u. 131.

— 10 —

Ausführung in verschiedener Technik.

Bekanntlich ist nach den Typenmustern nicht allein der Kreuzstich zu arbeiten, sondern es lassen sich danach auch eine große Anzahl anderer, auf der quadratischen Eintheilung beruhender Sticharten ausführen. Außer den mit dem Kreuzstich nahe verwandten einfachen und doppelseitigen Stichstichen, die wir, gleich den verschiedenen Flecht-, Zopf- und Stopfstichen bereits in den früheren Sammlungen erklärten und an dieser Stelle wieder in Erinnerung bringen, gehört noch eine Reihe von Stichen verschiedenster Technik hierher.

Hervorzuheben sind unter Anderen: der Lockenstich, der schräge und gerade Kettenstich, die verschiedenen Ausführungen des Knötchenstiches, der Ueberfangstich, der Wirk-, Gobelin- und Flachstich, ferner die verschiedenen Stopfstiche auf geschürztem oder gewebtem Filet-Grunde und endlich sogar Strickerei und Häkelarbeit.

Es würde zu weit führen, jede einzelne Technik eingehend zu erklären, doch bringen wir eine große Anzahl verschiedenartiger Ausführungen von Kreuzstichmustern zur Anschauung und zeigen zugleich durch naturgroße Darstellung der Vorlagen deren eigenthümliche Wirkung. Jede dieser Stich- und Arbeitsweisen läßt sich auch auf jedes einzelne Muster der vorliegenden Sammlung anwenden.

Die ersten fünf Tafeln zeigen in naturgroßer Wiedergabe die meisten der vorhin genannten Sticharten. Nr. 1—2 gelten dem einfachen Kreuzstich; die Borte Nr. 1 wurde nach einem Sibmacher'schen Muster neu gestickt und gehört zu denjenigen Vorlagen, welche auf der Münchener Ausstellung im Sommer 1876 großes Aufsehen erregten und viel dazu beigetragen haben, dem Kreuzstich auf Leinwand wieder Bürgerrecht bei uns zu erwerben. An der Borte Nr. 2 ist die Feinheit der Stiche und des Materials einer alten russischen Stickerei veranschaulicht.

Zur Ausführung der Borten 3—18 finden sich Erklärungen und Einzel-Abbildungen in den folgenden Abschnitten.

Kreuzstich.
(Hierzu Abb. 13—35.)

Der einfache Kreuzstich ist die gewöhnlichste Stichart zur Ausführung von Typenmustern. In der dritten Muster-Sammlung für altdeutsche Leinenstickerei befindet sich eine genaue, von vielen Abbildungen begleitete Anleitung, welche auch die beim Sticken auf lockerem Stoff nothwendige Canevas-Ueberlage einschließt. Die nebenstehende Abb. 13 zeigt die Anwendung einer solchen nochmals zu der Stickerei eines Deckchens aus Drillich.

Sowohl durch Verschiedenartigkeit des Materials und Zusammenstellung mit Stern-, Strich-, Flecht-, Gobelin- und anderen Stichen, als auch durch Verbindung mit Durchbruch-, Filet-, Häkelarbeit u. dergl., läßt sich in eine Kreuzstich-Stickerei sehr viel Abwechslung bringen.

Alle diese verschiedenen Einzelheiten erläutern wir durch eine Fülle von Darstellungen zierlicher und interessanter Muster, deren Unterschriften kaum noch eines weiteren Hinweises bedürfen. Die in verschiedenartigem Material ausgeführten Stickereien geben jedoch nur einen ungefähren Begriff von der zu erreichenden Mannigfaltigkeit und sollen nur als Anregung zu eigenem Schaffen dienen.

Die Borten, Abb. 15—15, 20, 24 und 26, die Einzelfigur Abb. 19, sind auf Leinen mit farbigem Garn über Canevas gestickt, während der canevasartige Grundstoff an den Abb. 16—18, 21, 24 und 27 jedes Hülfsmittel entbehrlich macht.

Die mit blauem und rothem Garn gearbeitete Borte, Abb. 14, ist russischen Ursprungs und gehört einem reich verzierten Handtuch an. Abb. 16 zeigt den Bäumchen-Abschnitt einer interessanten Decke, die mit feiner schwarzer Seide auf Alba-Canevas einer alten, aus dem 17. Jahrhundert stammenden Vorlage nachgearbeitet wurde.

Eigenthümlich ist die Gestaltung des Kreuzstiches beim Sticken auf Filetstoff und Tüll. Auf beiden Stoffen markirt er sich, wie auch Abb. 18 zeigt, etwas in die Länge gezogen, weshalb man

13. Ecke einer Decke. Kreuzstich auf Leinen mit rothem Garn.

14. Borte eines Handtuches russischen Ursprungs. Kreuzstich auf Leinen mit rothem und blauem Garn.

ihn auch auf Tüll (es empfiehlt sich hierzu besonders der grobe Erbstüll) am besten der Länge nach arbeitet. Dem einzelnen Stich wird dadurch seine quadratische Form möglichst gewahrt. Der Stern, Abb. 17, ist einer Decke entnommen, die sich leicht nach der kleinen Darstellung, Seite 22, Abb. 95, arbeiten läßt. Zu der Borte, Abb. 18, findet sich auf Tafel 8 mit Nr. 36 das Typenmuster.

Variationen des gewöhnlichen Kreuzstiches sind der längliche Kreuzstich (siehe Abb. 25) und der versetzte Kreuzstich, welcher ebenfalls längliche Kreuze bildet. Ersteren erklärt Abb. 25 an einer auf Rupperstoff mit kräftiger Wolle und einer Canevas-Unterlage gearbeiteten Borte. Je nach dem es das Muster erfordert, markiren

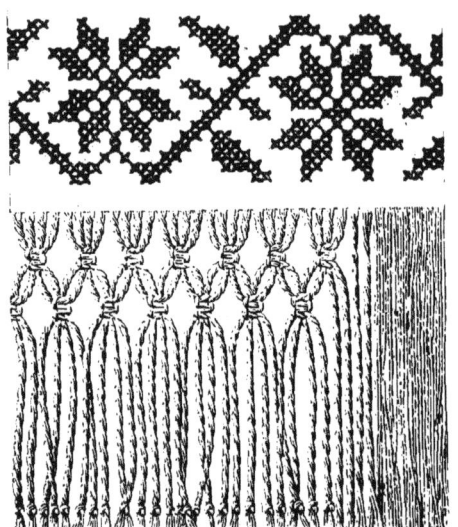

oder durch Umranden rariren. Abb. 28 gilt einem in länglichem Kreuzstich gearbeiteten Börtchen; zwei Sticheverfahren treten hier immer eine Type und jede derselben ist von Strichstich in abstechender Farbe umrandet. Ferner bildet auch der aus 4 Stichen bestehende, über 4 Canevasfäden ausgeführte Sternstich eine leichte Abart des Kreuzstiches. Man arbeitet zunächst mit zwei Schrägstichen ein einfaches Kreuz, das durch zwei gerade Stiche, einen Längs- und einen Querstich, überstochen wird. Auf diese Weise entstehen kleine Sterne, die besonders in Verbindung mit anderen Sticharten sehr ausdrucksvoll wirken.

Wie bereits bei dem länglichen Kreuzstich angedeutet, kann durch Umranden sowohl einzelner Stiche als ganzer Gruppen, auch der ge-

15. Borte mit Franzenabschluß eines Handtuches. Kreuzstich-Stickerei auf Leinen mit rothem Garn. Muster auch vorhanden in: Nem künstlichs Modelbuch, bei A. Jobin 1579.

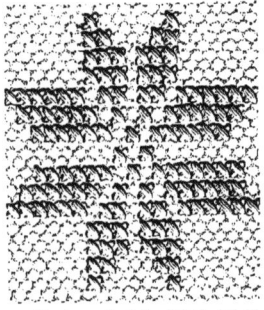

16. Borte einer Decke. Nach einer alten Vorlage aus dem 17. Jahrhundert. Kreuzstich auf Alba-Canevas mit feiner schwarzer Seide.

17. Sternfigur zu der Decke, Seite 22, Abb. 95. Kreuzstich auf Erbstüll mit weißer Baumwolle.

sich die einzelnen Stiche in verschiedener Länge, die ganz besonders lang sein läßt, wie ersichtlich, ein gerader Hochstich zusammen, wodurch eine eigenartige Wirkung der Stickerei erzielt wird. Nach dieser Stich läßt sich mit andern Sticharten zusammenstellen,

18. Borte. Kreuzstich auf Filet-Canevas mit rothem Garn. Vergl. das Typenmuster, Tafel 8, Nr. 36.

wöhnliche Kreuzstich eine bedeutende Bereicherung erfahren. Man wählt zum Umranden am häufigsten den doppelseitigen, in zwei Gängen auszuführenden Umfassungsstich. Je nach Belieben kann sich diese Verzierung entweder auf alle Musterteile beziehen,

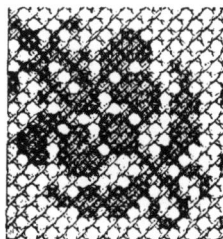

19. Einzelfigur. Kreuzstich mit weißem und farbigem Garn.

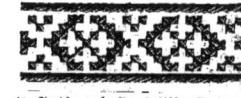

20. Börtchen nach alten serbischen Vorlagen. Kreuz- und Gobelinstich auf Leinen mit farbiger Wolle.

22. Börtchen nach alten serbischen Vorlagen. Kreuz- und Gobelinstich auf Leinen mit farbiger Wolle.

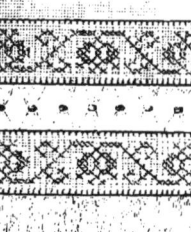

21. Börtchen. Kreuzstich auf Canevas de congrès mit feinem farbigem Garn in Verbindung mit Durchbruch. Musterauch: U. Jobin 1579.

wie die gerade, mit schmaler Borte abschließende Bäumchen-Figur Abb. 32 zeigt, oder sich nur auf einzelne Figuren beschränken. An der Borte, Abb. 30, sind die mittleren Sterne vollständig umrandet, während die beiden Abschlußrändchen nur außen eine helle Begrenzung zeigen; ähnlich markirt sich auch das Börtchen Abb. 33, welches auf farbigem Java-Canevas gestickt ist.

Die meistens mehrfarbig und in Wolle gearbeiteten alten serbischen Stickereien, denen die Abb. 20, 22, 26 und 29 angehören, zeigen häufig interessante kleine Abweichungen, wie z. B. den Sternstich, Abb. 26, besonders

wirkungsvolle Ränder durch Anwendung von Flechten- oder dichten schrägen Gobelinstichen für gerade Kreuzstich-Reihen. Siehe Abb. 20, 22 und 29.

An Stelle gerader Umrandung treten in siebenbürgischen und ungarischen Arbeiten auch Stielstiche auf, die sich den Kreuzstich-Figuren eng anschließen und dadurch eine leichte Abrundung herbeiführen. Siehe Abb. 31.

Bezüglich der verschiedenen doppelseitigen Kreuzstiche verweisen wir auf die dritte Sammlung von Mustern altdeutscher Leinenstickerei.

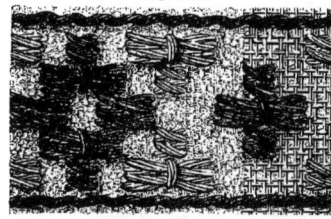

23. Borte. Länglicher Kreuzstich auf Ausbesserstoff mit Wolle.

24. Borte. Kreuzstich auf Canevas de congrès mit farbigem Garn in Verbindung mit Durchbruch.

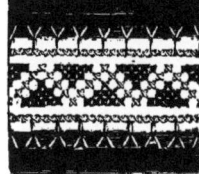

25. Börtchen. Kreuzstich auf Leinen mit farbigem Garn.

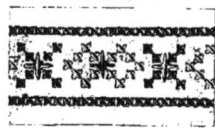

26. Börtchen nach alten serbischen Vorlagen. Kreuzstich auf Leinen mit farbiger Wolle.

27. Borte zu der Decke. Abb. 98, Seite 23. Kreuzstich mit farbigem Garn in Verbindung mit Durchbruch.

28. Börtchen. Länglicher Kreuzstich mit Strichstich-Umrandung.

29. Börtchen nach alten serbischen Vorlagen. Kreuzstich in Verbindung mit Gobelin- und Strichstich auf Leinen mit farbiger Wolle.

31. Borte zum Ueberhandtuch Seite 21. Abb. 107. Kreuzstich mit Strichstich-Umrandung auf Leinen mit braunem Garn.

30. Borte. Kreuzstich mit Strichstich-Umrandung auf Java-Canvas mit Wolle und Seide.

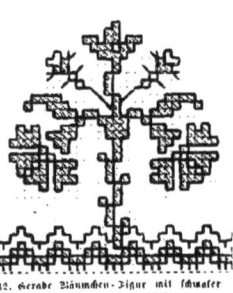

32. Gerade Bäumchen-Figur mit schmaler Borte. Kreuzstich mit Strichstich-Umrandung auf Leinen mit hellem und dunklem Garn.

33. Borte. Kreuzstich mit Strichstich-Umrandung auf farbigem Java-Canevas mit hellem und dunklem Garn.

Flechtenstich.
Hierzu Abb. 34. 37.

In seinen verschiedenen einfachen und doppelseitigen Ausführungen findet sich der Flechtenstich, welcher größtentheils an Stickereien italienischen, griechischen und persischen Ursprungs vorkommt, in einigen Mustern der vorliegenden Tafeln auch in wirksamer Verbindung mit dem Kreuzstich.

Sammlung der Muster altitalienischer Leinenstickereien giebt eingehende Anleitung zur Ausführung dieser Stichart, wir bringen dieselbe jedoch an dieser Stelle wieder in Erinnerung und zeigen seine Wirkung nicht nur an den drei kleinen Mustern, Abb. 35—37, sondern auch an den naturgroßen Darstellungen der Borten Tafel 2, Nr. 5, Tafel 5 und Nr. 8.

An allen diesen Vorlagen erscheint der Flechtenstich in Verbindung mit anderen Stickarten, mit dem Strich- und Käschenstich, sowie mit dem zu allen Einzelstichen dienenden Kreuzstich und sowohl auf verschiedenen Stoffarten als mit verschiedenem Material ausgeführt.

Die Ausführung des Flechtenstiches kann in mannigfaltiger Art

34. Ausführung des Flechtenstiches. Siehe die Borten Tafel 2, Nr. 3 u. Tafel 3, Nr. 8.

geschehen, charakteristisch bleibt jedoch immer die unregelmäßige Ineinanderschiebung oder flechtenartige Kreuzung der Fäden auf der oberen Stoffseite, während die untere meist nur kurze gerade Stiche wie beim gewöhnlichen Kreuzstich zeigt. Eine weitere charakteristische Eigenthümlichkeit fast aller Flechtenstich-Arten besteht im Wechsel der Stichlage, welcher dadurch entsteht, daß man in hin und zurückgehenden Reihen arbeitet, jeden Stich jedoch gleich vollendet.

Abb. 34 wiederholt eine der einfachsten Ausführungen des Flechtenstiches. Dieselbe wirkt kreuzquadratig, und wird gleichfalls in hin- und zurückgehenden Reihen mit gleichlangen Stichen, von denen nur die Anfangs- und Endstiche jeder Reihe kürzer sind, gearbeitet. In dieser Weise ist Borte Nr. 8, Tafel 5 ausgeführt, während an der Borte Tafel 2, Nr. 5, und den Abb. 35—37 kurze und lange Stiche wechseln. Interessant ist die Umrandung großer Flechtenstiche auf kräftiger Leinwand mit aufgenähtem Goldschnürchen, Abb. 37.

35. Einzelfigur. Flechten- und Strichstich auf Java-Canevas mit rothem Garn.

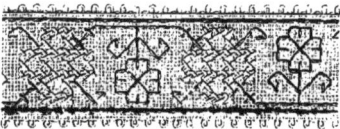

36. Borte. Flechten- und Strichstich auf Canevas de congrès mit farbigem Garn.

37. Bortchen. Flechtstich. Umrandet mit aufgenähter Goldschnur.

Lockenstich.

Hierzu Abb. 38—40.

Sehr nahe verwandt in Ausführung und Wirkung mit dem einfachen Kreuzstich ist der Lockenstich, den außer den Mustern 9—15 auf Tafel 4 noch eine ganze Reihe Abbildungen veranschaulichen. Er findet sich hauptsächlich an Arbeiten slavischen Ursprungs, weshalb er auch als slavischer Lockenstich bezeichnet wird. Bei der sehr einfachen Herstellung desselben hat man zuerst in der ganzen Länge der zu arbeitenden Stichreihe einen langen Stich auszuführen und darüber dann rückwärts gehend möglichst lose, halbe Kreuzstiche zu sticken. Auf diese Weise bilden sich locker anfliegende Schlingen oder Lockenwindungen, die mit starker Baumwolle gearbeitet, getreu den Charakter der alten slavischen Arbeiten wiedergeben. Will man diesen Stichen jene Regelmäßigkeit verleihen, wie sie z. B. die auf Tafel 4 mit Nr. 9 naturgroß dargestellte Stickerei zeigt, so empfiehlt sich ein einfaches Verfahren, welches durch Abb. 38 erklärt wird.

Als Material dient hier entweder starkes Garn oder kräftige Strickbaumwolle. Auf Tafel 4 befindet sich unter Nr. 9 das vollständige Muster, von dem die erklärende Abb. 58 einen Theil bildet. Man arbeitet ebenfalls in hin- und zurückgehenden Reihen. Von links nach rechts wird zunächst ein einziger langer Stich über die zu stickende Anzahl von Canevaskreuzen gespannt, worauf man über eine der Stärke des Arbeitsfadens entsprechende Stricknadel und dem glatt unter derselben liegenden Faden in halbem Kreuzstich die Reihe zurück arbeitet; der Faden muß über der Stricknadel fest angezogen werden.

Bei der zweiten Reihe legt man eine neue Stricknadel unter und entfernt die erste nicht früher, als bis die dritte Reihe begonnen ist, sodaß beide Nadeln beständig wechseln. Hierdurch erhalten die Stiche eine größere Regelmäßigkeit.

Der Reiz der Lockenstich-Stickerei wird durch die verschiedene Richtung der Stichreihen, welche die slavischen Muster charakterisiren, und die man durch einfaches Drehen der Arbeit nach jeder vollendeten Figur erreicht, bedeutend erhöht.

Auch in Verbindung mit anderen Stickarten erscheint der

39. Einzelzweig. Von dem Rock einer slavischen Frauentracht. Lockenstich auf Leinen mit brauner Baumwolle.

38. Ausführung des Lockenstiches. Siehe die Stickerei, Tafel 4, Nr. 9.

40. Borte. Nach einem altslavischen Musterstück. Lockenstich auf Leinen mit kräftiger Baumwolle.

— 15 —

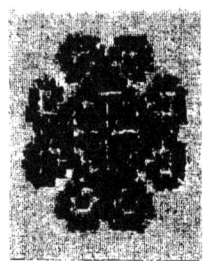

41. Einzelfigur. Von der flavischen Decke. Seite 24. Abb. 105. Lockenstich auf kreppartigem bosnischen Leinen.

42. Borte. Nach einem altslavischen Musterstück. Locken- und Strichstich auf Leinen mit farbiger Wolle.

43. Borte nach einer slavischen Vorlage. Lockenstich auf Leinen mit kräftiger Baumwolle.

44. Börtchen. Von der slavischen Decke. Seite 24. Abb. 105. Lockenstich auf kreppartigem bosnischen Leinen in Verbindung mit aufgenähten Flittern.

45. Borte. Nach einem altslavischen Musterstück. Lockenstich auf Leinen mit Wolle.

46. Börtchen. Von der slavischen Decke. Seite 24. Abb. 105. Lockenstich auf kreppartigem bosnischen Leinen in Verbindung mit aufgenähten Flittern.

Lockenstich häufig recht wirkungsvoll; an der Borte, Abb. 42, wirken die verschiedenen Stichlagen und der Strichstich zusammen.

Besonders eigenartig markiren sich aufgenähte Flittern, wie an den beiden Börtchen, Abb. 44 und 46 ersichtlich. Letztere stammen, ebenso wie die Einzelfigur, Abb. 41, von einer auf bosnischem Leinen — einem kreppartigen Gewebe — gearbeiteten Decke, welche sich im Jahre 1885 auf der Ausstellung in Budapest befand.

Die Vorlagen zu den Borten Abb. 41, 42 und 45, sowie die zu den Nr. 9—15 auf Tafel 4 befinden sich unmittelbar an alten slavischen Musterstücken unserer eigenen Sammlung. Dieselben sind zum größten Theile auf Leinen mit starker Wolle oder Baumwolle in Blau, Roth oder Oliv gearbeitet. Der Zweig, Abb. 50, bildete sowohl einzeln, wie zu Borten an einander gefügt, in starker brauner Baumwolle gearbeitet, die Verzierung des Rockes zu dem reich gestickten Kostüm einer Slavonierin.

Kettenstich.
(Hierzu Abb. 47—49.)

Dieser leicht ausführbare Stich kommt bei der Anwendung für quadratische Muster in zweierlei Arten vor. Abb. 47 lehrt auf grobem canevasartigen Gewebe, und zwar der Deutlichkeit wegen über vier Stoff-Fäden gearbeitet, die Ausführung des einfachen geraden Kettenstiches.

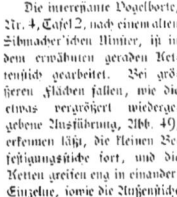

47. Ausführung des geraden Kettenstiches. Vergleiche Abb. 42 und die Borte. Tafel 2. Nr. 4.

48. Ausführung des schrägen Kettenstiches.

49. Gerader Kettenstich zur Bordüre. Tafel 2. Nr. 4.

Abb. 48 gibt der Erklärung des schrägen Kettenstiches, den man ebenso wie den geraden in hin- und zurückgehenden Reihen und je nach Belieben in Zwischenräumen von zwei und mehr Canevasfäden arbeitet. Unsere Darstellung zeigt die Stiche über drei Fäden ausgeführt und in der Lage derselben. Ebenso wie beim geraden Kettenstich hat man zum Befestigen der Schlingen noch einen kleinen Ueberstich auszuführen, den nach Maßgabe auf Abb. 47 wieder nach dem Ausgangspunkt der Nadel zurückzuleiten und möglichst gleichmäßig und fest anzuziehen ist.

Die interessante Vogelborte, Nr. 4, Tafel 2, nach einem alten Sibmacher'schen Muster, ist in dem erwähnten geraden Kettenstich gearbeitet. Bei größeren Flächen fallen, wie die etwas vergrößert wiedergegebene Ausführung, Abb. 49, erkennen läßt, die kleinen Befestigungsstiche aus, und die Ketten greifen eng in einander. Einzelne, sowie die Außenstiche jeder Reihe müssen natürlich besonders befestigt werden, wobei der kleine Befestigungsstich sich etwas länger gestaltet.

— 16 —

Knötchenstich.
(Hierzu Abb. 50—63.)

Nicht selten zur Verzierung der breiten Kragen angewendet, welche zu den Trachten des 16. Jahrhunderts gehörten, findet sich der Knötchenstich häufig auf alten Mustertüchern auch in feiner Seide oder glänzendem Zwirn, weiß oder farbig ausgeführt, und ist in seiner Feinheit stets von zierlichster Wirkung. Heutzutage würden solche Börtchen eine sehr reizvolle Ausstattung feiner Taschentücher bilden. Der Knötchenstich eignet sich aber auch für gröberes Material, in welchem die Musterfiguren plastisch und wirkungsvoll hervortreten.

Zur Herstellung des einfachen Knötchenstiches nach Abb. 50 wickelt man den Arbeitsfaden, — je nach der Höhe, die der Stich haben soll, — ein oder mehrmals um die Nadel und zieht diese, während die

50. Ausführung des einfachen Knötchenstiches.

51. Ausführung der Kettenstich Knötchen.

linke Hand den Faden festhält, durch die Schlingen hindurch; gleichzeitig wird die Nadel, der Richtung des Pfeiles folgend, an dem Ausgangspunkt

52. Börtchen. Knötchen- und leichte Stiche auf Leinen mit weißem Zwirn.

53. Börtchen. Knötchen- und Flachstich auf Leinen mit weißem Zwirn.

Flachstich verdient besondere Beachtung. Auch der Anwendung verschiedenartigen Materials kommt an den Darstellungen zur Geltung. So erscheinen die beiden Muster,

54. Börtchen. Knötchenstich auf Leinen mit weißem Zwirn.

56. Börtchen. Knötchen- und Flachstich auf Leinen mit weißem und farbigem Garn.

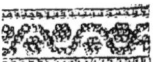

55. Börtchen. Knötchenstich auf Leinen mit weißem Zwirn.

des Fadens in den Stoff hinein und an der Stelle des nächsten Knötchens wieder herausgeführt. Während man den Faden vorsichtig anzieht, müssen die Fadenwindungen festgehalten werden, damit sie nicht mit durch den Stoff schlüpfen können.

Die Abb. 52—63 bieten in naturgroßer Wiedergabe eine Fülle der reizendsten in dem beschriebenen Knötchenstich gearbeiteten Vorlagen; die hübsche Verbindung mit Kreuz- oder

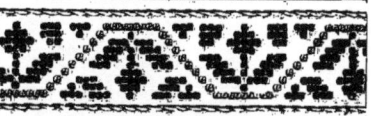

58. Börtchen. Knötchenstich auf Leinen mit weißem Zwirn.

57. Börtchen. Knötchen- und Flachstich auf Leinen mit weißem und farbigem Garn.

Abb. 60 und 62 auf Tuch mit farbiger Seide gestickt, während die übrigen auf Leinengrund meist mit glänzendem Zwirn (siehe Abb. 55—58, 61 und 63) oder verschiedenfarbigem Garn gearbeitet wurden.

Als eine Variation des Knötchenstiches betrachten wir auch die Kettenstich-Knötchen, welche andererseits wieder mit dem auf Seite 10 veranschaulichten Kettenstich Verwandtschaft zeigen.

Bei Ausführung dieser Knötchen

59. Börtchen. Knötchenstich auf Leinen mit weißem Zwirn und farbigem Garn. Vergl. das Typenmuster, Tafel 6, Nr. 23. Muster auch: A. Jubin 1559.

63. Börtchen. Knötchen- und Hohlsaumstich auf Leinen mit weißem Zwirn.

61. Börtchen mit Ecke. Knötchenstich auf Leinen mit weißem Zwirn.

— 17 —

hat man nach Abb. 51 den Stich, nicht wie beim Kettenstich, Abb. 48, nach unten, sondern schon in der Mitte festzuziehen, damit sich ein Knoten bildet; dieses hält alsdann wie bei dem einfachen Kettenstich ein nach unten ausgeführter Schrägstrich fest, der sich selbstverständlich hier länger gestaltet. Infolge dessen macht der Ketten-Knötchenstich einen etwas länglichen Eindruck, während die gewöhnlichen Knötchen sich vollständig rund markiren.

Ueberfangstich.
Hierzu Abb. 64.

64. Ausführung des Ueberfangstiches. Siehe die Borte. Tafel 3. Nr. 7.

Abb. 64 lehrt die Ausführung des Ueberfangstiches mit gespannten Fäden, in welchem die breite Borte, Tafel 3, Nr. 7, gearbeitet ist. Diese Stickweise, welche sich vorzugsweise für Muster mit größeren Flächen eignet, erfordert als Grundstoff grobfädige oder canevasartig gewebte Stoffe, da die Anwendung einer Canevas-Ueberlage ausgeschlossen ist.

Die einfache, ziemlich schnell fördernde Ausführung besteht, wie Abb. 64 zeigt, im Spannen senkrechter Fadenreihen, die in kurzen Zwischenräumen mit demselben Faden durch kleine, zurückgehende Querstiche überstochen werden. Hierbei ist zu beachten, daß die befestigenden kleinen Querstiche den Fadenlauf des Gewebes einhalten und stets in demselben Punkt, von dem sie ausgingen, zurückkehren müssen. Zwei Stoff-Fäden Höhe und Breite vertreten eine Type. Um die Mühe wiederholten Zählens zu vermeiden, kann man die sorgfältig ausgezählten Conturen mit einem Faden oder feinem Bleistiftstrich, der nach Vollendung der Arbeit zu entfernen ist, umziehen und innerhalb dieser Grenzen die Stickerei dann leicht und schnell ausführen.

Stopfstich.
Hierzu Abb. 65—66.

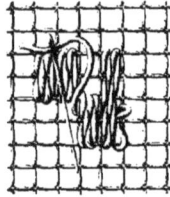

65. Ausführung des einfachen Stopfstiches.

66. Borte. Einfacher Stopfstich auf Filet mit farbiger Seide.

Von den verschiedenen auf gewebten oder geschürzten Filetgrund nach Typenmustern auszuführenden Stichen lehrt Abb. 65 den einfachen Stopfstich, in welchem sowohl die einer Decke entnommene Borte, Abb. 66, als auch die naturgroße Darstellung Tafel 2, Nr. 5 gearbeitet wurden.

In der zweiten Sammlung altitalienischer Muster erklärten wir bereits gelegentlich der verschiedenen Durchbruch-Arbeiten auch diesen einfachen Stopfstich, den wir hier noch einmal und zwar in grobem Filetgrund ausgeführt, in Erinnerung bringen.

Stets einen Filetfaden auf die Nadel nehmend und den nächsten übergehend, durchzieht man, wie Abb. 65 erklärt, die ganze Zahl der in einer Reihe gelegenen, vom Muster vorgeschriebenen Stiche, und füllt, je nach Vorschrift zwei oder mehrmals hin und hergehend, die Filetlöcher aus, indem man, wie erwähnt, die Filetfäden regelmäßig einen um den anderen aufnimmt.

Beim Arbeiten solcher Musterfiguren, die nicht ausnahmslos aneinander schließende Stichreihen enthalten, kann das Durchstopfen nicht ganz regelmäßig geschehen.

Um beim Uebergehen von einer Musterfigur zur anderen mit dem Arbeitsfaden an die richtige Stelle zu gelangen, muß man diesen entweder häufig nochmals durch die durchstopften Reihen, oder sogar in der aus Abb. 65 ersichtlichen Weise quer durch die vollendeten Flächen leiten.

Derartige Hülfsstiche sind sehr sorgfältig auszuführen, damit sie auf der oberen Stickseite möglichst unsichtbar bleiben und doch auch auf der Rückseite nicht lose aufliegen.

Zu beachten ist, daß ein Filetloch in der Regel einer Type entspricht.

Gobelinstich.
(Hierzu Abb. 67—68.)

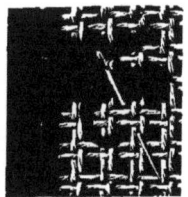

67. Ausführung des geraden Gobelinstiches.

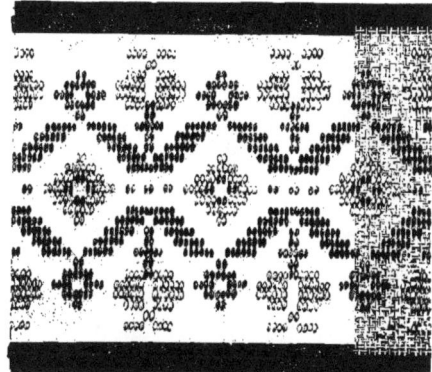

68. Borte. Gerader Gobelinstich auf Tuch mit farbiger Wolle.

Der Gobelinstich besteht aus gleichmäßig langen, dicht neben einander liegenden, geraden oder schrägen Stichen, deren zwei für eine Type gelten.

Abb. 67 erklärt die einfache Ausführung, während Abb. 68 eine Borte im geraden Gobelinstich und Nr. 17 auf Tafel 5 eine in schrägem Gobelinstich ausgeführte Eckborte veranschaulicht. Erstere zeigt auch einen Theil der noch nicht entfernten Canevas-Unterlage. Zu der Ausführung auf hellem Tuch ist verschiedenfarbige Wolle verwendet.

Flachstich.
(Hierzu Abb. 69—76.)

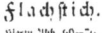

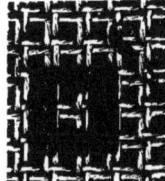

69. Borte. Flachstich auf Leinen mit farbigem Garn.

70. Ausführung des Flachstiches.

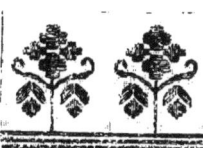

71. Baumwollborte. Einfacher und abgeschrägter Flachstich auf Leinen mit farbiger Seide.

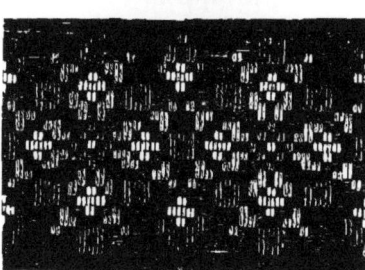

72. Borte. Flachstich mit farbiger Filoselle-Seide auf Seidenstoff.

Dem Wesen nach ganz gleich mit dem Gobelinstich, wird der sehr gediegene und apart wirkende Flachstich nur in verschiedener Länge und Abstufung gearbeitet.

Die einfachste Ausführung zeigt die Borte Nr. 18, Tafel 5, und Abb. 70. Als Beispiele für die reizvolle Wirkung des Flachstiches, der sowohl in grobem, wie in feinem Material gearbeitet werden kann, dienen die Abbildungen 69 und 72. Die erstgenannte ist auf Leinengrund mit Garn gestickt und stammt von einem alten Musterlaken, während die breitere Borte, Abb. 72, auf dunklem Seidengrunde farbige Filoselle-Seide verwendet zeigt.

Als Variationen des einfachen Flachstiches sind der Flachstich mit Umrandung und der abgeschrägte Flachstich zu bezeichnen. Abb. 75 erklärt ersteren; in dem bekannten aus zwei Gängen bestehenden Strichstich werden sämmtliche Contouren des betreffenden Musters zunächst vorgenäht und dann die Musterfiguren mit Flachstichen gefüllt. Durch Wechseln der Stichlagen und Anwendung verschiedener Farben läßt sich auch hier eine lebhaftere Wirkung erzielen.

Die einem Deckchen entnommene Sternfigur, Abb. 75, giebt ein Beispiel für das eben Gesagte. Hier markirt sich die Flachstich-Stickerei in heller Farbe, von der sich die überall in dunkler Farbe ausgeführte Umrandung wirkungsvoll abhebt.

An der Figur, Abb. 74, dient außer dem Strichstich, der auch die verzierenden Ausläufer des Musters bildet, noch Kreuzstich zur Be-

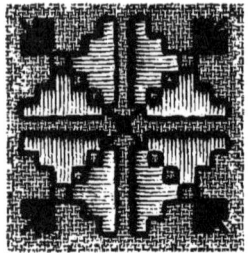

73. Einzelfigur. Flachstich mit Streichstich-Umrandung auf Canevas de congrès mit farbigem Garn.

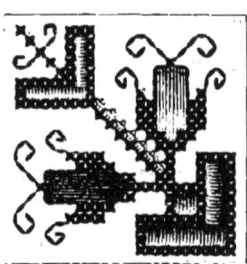

74. Einzelzweig. Flachstich mit Strich- und Kreuzstich-Umrandung.

grenzung. Der abgeschrägte Flachstich eignet sich für kleinere Flächen. Diese durch Abb. 76 erklärte Stichweise bedingt insofern eine geringe Veränderung des Typenmusters, als die abgestuften Seitenränder der Musterfiguren in glatte, schräge Linien verwandelt werden müssen. Man thut daher am besten, zunächst die Contouren in der aus der Darstellung, Abb. 76, ersichtlichen Weise vorzunähen und dann erst die Füllung über den vorgenähten Faden hinweg — da derselbe natürlich unsichtbar bleiben muß — auszuführen. Die kleine Borte, Abb. 74, zeigt geraden und schrägen Flachstich in reizvoller Vereinigung.

75. Ausführung des Flachstiches mit Streichstich-Umrandung.

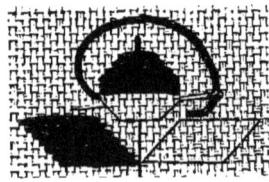

76. Ausführung des abgeschrägten Flachstiches.

Wirkstich.
Hierzu Abb. 77—80.

Die im Wirkstich hergestellte Borte Nr. 15, Tafel 3, entnahmen wir einer Decke, welche uns als nationale Arbeit aus der schwedischen Provinz Dalekarlien zugegangen ist. Der Stich bildet auf beiden Seiten ein verschiedenes regelrechtes Muster, das wie in den Stoff eingewebt erscheint.

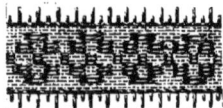

79. Börtchen. Nach einer slavischen Vorlage. Wirkstich.

77. Ausführung des Wirkstiches. Obere Seite. Siehe die untere Seite, Abb. 78. Vergleiche das Muster. Tafel 3. Nr. 15.

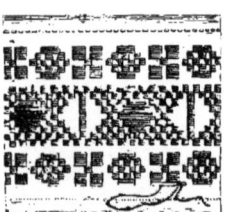

80. Borte von einem im Kloster Seligenthal in Baiern gearbeiteten Hemd. Wirkstich.

Wie aus den Darstellungen, Abb. 77 und 78, welche einen Theil des bereits erwähnten Musters Tafel 3, Nr. 15 wiedergeben, hervorgeht, wird der Stickfaden fortlaufend durch den Stoff geführt, indem man eine bestimmte, durch das Typen-

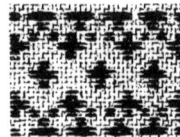

78. Ausführung des Wirkstiches. Untere Seite. Siehe die obere Seite Abb. 77. Vergleiche das Muster Tafel 3, Nr. 15.

muster bedingte Anzahl Fäden auf die Nadel nimmt und andere, gleichfalls abgezählte, übergeht. Abb. 78 zeigt das Muster, Abb. 77 von der Rückseite, welches dem Charakter des Stiches entsprechend, auf der unteren Seite gleichsam negativ wirkt.

Die Borte, Abb. 80, ist einer im Jahre 1876 in München ausgestellten Arbeit des Klosters Seligenthal in Baiern entnommen, während die Abb. 79 slavischen Ursprungs ist. Abb. 80 lehrt ebenfalls, wie man bei Ausführung des Wirkstiches die Nadel zu führen hat.

Strickerei und Häkelarbeit.
(Hierzu Abb. 81—86.)

Das Stricken nach Typenmustern wird in einfachster Weise mit Rechts- und Linksmaschen ausgeführt. Beim Anschlag berechnet man für jede Type eine Masche und jede Typenreihe besteht aus einer hin- und einer zurückgehenden Tour. Die Mustertypen kann man beliebig als Rechts- und die Grundtypen als Linksmaschen, oder umgekehrt arbeiten.

An dem Einsatz Abb. 82, der je nach Belieben Kreuz- oder Stofftypen angewendet werden.

Der Vollständigkeit wegen zeigen wir mit den Abb. 85 und 86 auch die Ausführung einer Häkelarbeit in mehreren Farben.

Man arbeitet hier in festen, stets das hintere Maschenglied der letzten Tour erfassenden Maschen. Jede Type gilt für eine Häkelmasche. Die unbenutzten Arbeitsfäden bleiben stets auf der Rückseite der Arbeit hängen

81. Einsatz. Häkelarbeit.   82. Einsatz. Strickarbeit. Muster: Tafel 8. Nr. 33.   83. Einsatz. Häkelarbeit.

85. Häkelarbeit in mehreren Farben. Siehe die Ausführung, Abb. 84 und auch Abb. 94.   84. Ausführung der Häkelarbeit in mehreren Farben. Siehe Abb. 85 und 86.   86. Häkelarbeit in mehreren Farben. Siehe Abb. 84 und auch 101.

als Beispiel für die Ausführung der Typen in Strickarbeit dient, gilt in der hingehenden Tour jede Mustertype als eine Links-, jede Grundtype als eine Rechtsmasche, während die zurückgehenden Touren durchgehends links gestrickt werden.

Die beiden Einsätze, Abb. 81 und 83, lehren das Häkeln nach Typen.

Jede Typenreihe gilt für eine hingehende und eine zurückgehende Häkeltour. Auch hier können für Musterung und Grund und sobald der Faden gewechselt werden muß, hat man die letzte Masche schon vor Beginn der neuen mit dem Faden der nächstfolgenden Farbe zuzuschürzen, um die ganze Masche gleichfarbig erscheinen zu lassen.

Abb. 85 gilt der naturgroßen Darstellung der zu dem Arbeitstäschchen, Abb. 94 verwendeten Häkelarbeit, während Abb. 86 ein Stück der gehäkelten Verzierung des Cigarrenbehälters, Abb. 101, wiedergibt.

ſtände.

92. Decke. Verwendbare Muſter: Tafel 25-26, Nr. 169 u. 170.

98. Decke. Muſter: Seite 13, Abb. 27.

93. Ueberhandtuch. Muſter: Tafel 12-15, Nr. 48-68.

99. Schlummerrolle. Verwendbare Muſter: Tafel 28, Nr. 176-177. und Seite 10, Abb. 10.

97. Schürze. Verwendbares Muſter: Tafel 21, Nr. 133.

103. Längliche Decke. Muſter: Tafel 10-11, Nr. 45.

— 25 —

104. Deckt flavischen Ursprungs. Verwendbare Muster: Seite 16, Abb. 41, 44 u. 46.

105. Decke flavischen Ursprungs. Muster: Seite 16, Abb. 41, 44 u. 46.

107. Ueberhandtuch. Borte: Seite 11, Abb. 31, verwendbares Muster: Tafel 13 24, Nr. 153.

108. Tischläufer. Verwendbares Muster: Tafel 13, Nr. 53.

106. Decke. Verwendbares Muster: Seite 9, Abb. 1.

109. Arbeitstäschchen. Verwendbares Muster: Tafel 16, Nr. 74-76 u. Abb. 21.

Unter den zahllosen Dingen, zu deren Verzierung unsere verschiedenartig ausgeführten Muster sich darbieten, haben wir einige besonders charakteristische Vorlagen zur Darstellung ausgewählt, um unsere Leserinnen zu fleißiger Ausnutzung der Muster und den nach ihnen herzustellenden Arbeiten anzuregen. Auf eine eingehende Beschreibung der einzelnen Gegenstände dürfen wir an dieser Stelle verzichten. Ausführliche Unterschriften bezeichnen die Zusammengehörigkeit der auf den Tafeln und zwischen dem Text befindlichen Muster und Einzelheiten, deren deutliche Darstellung ein leichtes und angenehmes Arbeiten ermöglicht. Auch wird man zu denjenigen Stickereien, die nicht direct nach Mustern unserer Tafeln ausgeführt sind, z. B. zu der Schlummerrolle, Abb. 99, der Tischdecke, Abb. 92, der Schirmhülle, Abb. 94, und der Schürze, Abb. 97, mit Leichtigkeit eine geeignete Wahl unter der Fülle der Vorlagen treffen können. Von dem reich verzierten Tischläufer, Abb. 102, und der Decke, Abb. 105, konnten wir die Muster nur theilweise geben; das Fehlende läßt sich jedoch ohne Mühe durch vorhandene Muster ergänzen. Zu dem durchgehends mit Flechtenstich-Stickerei verzierten Ueberhandtuch, Abb. 95, und der mit Kreuzstichborten wirkungsvoll ausgestatteten Bettdecke, Abb. 86, finden sich die Muster fast vollzählig auf den Tafeln 9 und 12-15.

Tafel I.

Tafel 2.

Tafel 5.

Tafel 4.

Tafel 5.

Tafel 6.

Tafel 7.

29.
30.
31.
32.
33.

Musterbücher der Modenwelt. Leinenstickerei. IV. Geh. u. herausg. v. d. Red. d. Modenwelt.

Tafel 8.

Tafel 9.

45.

46.

47.

Musterbücher der Modenwelt.

Tafel 10-11.

Tafel 12.

Tafel 17.

60—65.

Tafel 16.

Tafel 21.

Tafel 22.

Musterbücher der Modenwelt.

Tafel 23-24.

Tafel 25—26.

Tafel 27.

173.

174.

175.

Musterbücher der Modenwelt. Leinenstickerei. IV. Ges. u. herausg. v. d. Red. d. Modenwelt.

Tafel 28.

Tafel 29.

Musterbücher
für
Weibliche Handarbeit.

Herausgegeben von der
Redaction der Modenwelt.

✶ ✶ ✶

Muster altdeutscher Leinenstickerei. IV.
Gesammelt und herausgegeben von der
Redaction der Modenwelt.

✶

Berlin, Franz Lipperheide.
1888.